# ÉTUDES LOCALES

# GRANDCOURT, DÉVILLE

## ET

# ÉCOTIGNY

CANTON DE LONDINIÈRES — SEINE-INFÉRIEURE

PAR

## Dieudonné DERGNY

Membre de la Commission des Antiquités de la Seine-Inférieure

ABBEVILLE

E. WINCKLER-HIVER, Imprimeur

1895

# GRANDCOURT, DEVILLE

ET

# ECOTIGNY

# ÉTUDES LOCALES

# GRANDCOURT, DÉVILLE

## ET

# ECOTIGNY

CANTON DE LONDINIÈRES — SEINE-INFÉRIEURE

PAR

## Dieudonné DERGNY

Membre de la Commission des Antiquités de la Seine-Inférieure

ABBEVILLE

E. WINCKLER-HIVER, Imprimeur

1895

# AVANT-PROPOS

—·+✳+·—

Nous continuons nos *Etudes locales* sur les anciennes baronnies du comté d'Eu par une notice concernant celles de *Grandcourt, Déville et Ecotigny*.

Aidé dans ces nouvelles recherches par les mêmes personnes qui nous ont accordé leur bienveillant et très gracieux concours, lors de notre étude sur *Saint-Martin-Gaillard et Cuverville*, (voir p. 20 et 24) et puisant aux mêmes sources indiquées dans cette dernière notice, (voir p. V.) nous sommes heureux d'avoir ainsi pu mener ce nouveau travail à bonne fin.

Nous nous faisons un devoir d'exprimer ici notre entière reconnaissance à M. le duc d'Orléans, qui a eu la bienveillance de continner de mettre à notre disposition *les Archives du comté d'Eu*, au chateau d'Eu, comme avait eu la bonté de le faire son regretté père M. le comte de Paris. Aussi nos remerciements à M. Gilliot, administrateur du domaine du comté d'Eu, qui par sa bienveillance accoutumée a secondé nos recherches en ces archives.

Les baronnies de Déville, d'Ecotigny et de Grandcourt étant avec la plupart de leurs dépendances situées dans la partie supérieure de la vallée de l'Yères ou dans la contrée qui borde ou avoisine cette partie de la vallée, nous continuerons l'*Avant-propos* qui précède la notice sur *Saint-Martin-Gaillard*, par un sommaire énumérant les souvenirs historiques se rattachant aux lieux qui seront cités dans ces nouvelles *Etudes*.

Aux limités de la baronnie d'Ecotigny est un lieu dit le *Mont-Gosselin*. Cet endroit offre une particularité bien remarquable, c'est que situé près de la plus petite des trois baronnies — celle d'Ecotigny ne possédait qu'un fief en relevant — on y jouit non seulement d'une belle perspective embrassant tous les endroits ou la plupart des fiefs, parties de fief et vavassoreries des trois baronnies étaient assis, mais la vue court à travers ce beau panorama ; et semble faire toucher à celui qui est en ce lieu, tous les endroits dont nous aurons à parler en cet *Avant-propos*.

A droite avant de passer la vallée est le Mont-de-l'Aigle, qui se retire derrière le coin de la forêt et ne laisse voir que sa base s'avançant vers l'Yères.

Sur le sommet de ce mont, une espèce de pyramide fut élevée en 1822 pour servir à la triangulation, lors des opérations trigonométriques qui précédèrent le cadastre. La pyramide du mont de l'Aigle était en communication avec le clocher de Saint-Léger et celui de Sainte-Agathe d'Alihermont.

Là, dans la vallée au bas de la côte de la Brianderie c'est le Val-du-Roy, un moment désigné à la fin du siècle dernier, sous le nom de *Val-des-Libres*.

Cette terre a été possédée par les familles de Martainneville et d'Hunolstein (voir 1re partie des *Cloches du Pays de Bray*, p. 232 et suiv.).

Là-bas, tout au loin sous le couchant du soleil de la Saint-Jean-Baptiste, apparaît un large bouquet d'arbres. Dans cet endroit, un des plus beaux sites de la vallée est l'église de Cannehen, bien intéressant édifice par sa plus grande partie datant du XIIe siècle, mais qui à la suite d'un évènement malheureux fut à nouveau consacrée l'an MCCCCLXXX et II, par « maistre Robert (Clément) docteur en théologie évesque d'Hypponence) le même qui, à la même époque faisait la dédicace de l'église de Saint-Martin-Gaillard, qu'une erreur typographique nous a fait porter cent ans en arrière (voir *Saint-Martin-Gaillard* p. 51).

Mais revenons de cette large envolée pour nous rapprocher des lieux qui sont devant nous.

Déville chef-lieu de la baronnie de ce nom et le fief de Bardemont qui en faisait partie, puis la Pierre dont le fief était mouvant et relevant nuement du comté d'Eu. Un peu plus loin, c'est la ferme de la Brianderie manoir rural assis sur deux arrondissements, trois cantons et quatre communes. Derrière ce manoir est Caude-Cotte, dont les seigneurs étaient vavasseurs de la baronnie de Grandcourt.

Dans ces grands arbres qui semblent s'élancer vers le ciel, un petit clocher émerge d'une large feuillée, il indique Folny dont le fief et celui du Boquestan faisaient partie la baronnie de Déville.

Un peu plus loin au sommet du vallon venant prendre fin à Déville, est Touffrecales et plus loin encore La Londe, deux dépendances de la baronnie de Grandcourt.

Cette large trainée d'arbres d'où l'on voit poindre une longue flèche de clocher c'est Fresnoy, autre dépendance de la même baronnie et dont le patronage de l'église du lieu fut donné en 1204 par Enguerand de Bouaffles à l'abbaye de Foucarmont.

La charte de cette donation n'est pas parvenue jusqu'à nous, mais cette donation ayant été confirmée l'an suivant par Vauthier archevêque de Rouen et cette charte faisant partie du cartulaire de l'abbaye de Foucarmont, nous la rapportons ici, ce qui fera connaitre en quoi consistait cette donation et les réserves faites par l'archevêque.

A tous les fidèles du Christ à qui parviendra le présent écrit :

Vauthier par la grâce de Dieu, archevêque de Rouen, salut dans le Seigneur. — Nous vous faisons connaître que par égard pour l'amour de Dieu sur la présentation d'Enguerrand de Boaffles, chevalier, nous avons donnés et abandonnés à nos chers fils Robert, abbé de Foucarmont et aux moines qui là servent Dieu, l'église de la B. Marie de Fresnoy-en-Campagne en pure et perpétuelle aumône à posséder entièrement avec toutes ses appartenances et pour qu'ils la convertissent à jamais aux usages qui leur sont propres ; sauf le droit pontifical et la vicairerie de la même église qui sera conférée au vicaire en cas de vacance, par nous et nos successeurs, sur la présentation des dits moines. Le dit Engerrand a résigné en nos mains en faveur des dits moines et pour toujours le droit de patronage et tout autre droit que le patronat lui conférait en cette église.

Pour plus de sécurité il leur a donné sa charte, et pour que notre donation soit à l'abri de toute révocation et ait une solidité perpétuelle, nous l'avons fortifiée de notre sceau. Témoins Ph. archidiacre d'Eu, Robert de Saint-Nicolas et Raoul de Constance ? chanoines de Rouen, maître Gilbert de Marlers, Ansel d'Eu, etc.

Donné par la main de notre chancelier à Neufchatel de Drincourt l'an de l'Incarnation du Seigneur 1205.

Dans la suite des contestations s'élevèrent entre les moines de Foucarmont et Arnoul de Bouaffles. La charte ci-dessous nous en fait connaître les motifs et aussi l'accord qui fut conclu.

Moi, Arnoul de Boaffles, chevalier, fais connaître à tous qu'un différend existait entre moi d'une part et l'abbé et le couvent de Foucarmont de l'autre, au sujet du patronage de l'église de Fresnoy que les dits abbé et couvent disaient leur appartenir du don d'Engerrand mon frère premier-né, et ils avaient une charte pour la confirmation de ce droit; et aussi au sujet d'un boisseau de blé que les dits moines me réclamaient du don et du testament, du dit Engerrand dont je tiens l'héritage. — Enfin après nombreuses altercations, pour le bien de la piété et de la paix, et pour le repos de mon âme et de celles de mes parents, j'ai abandonné le don que le dit Engerrand mon frère avait fait aux moines tant pour le droit de patronage que pour le boisseau de blé. Et si j'avais quelque droit à ce sujet ou si je pouvais en avoir j'abandonne tout à perpétuité sans réclamation.

J'ai confirmé le tout par les présentes et par l'apposition de mon sceau. Mon épouse et Robert mon fils premier-né ont consenti à cette donation.

Mais les dits moines et couvent pour me faire plaisir, ont changé le sus dit boisseau de blé, en un boisseau d'avoine que je suis tenu de leur payer chaque année à la Saint-Remi. En outre, ils m'ont déchargé de tous les frais occasionnés par ce litige et renoncent à 15 sols de revenu annuel qu'ils prétendaient avoir sur le moulin de Boafles. Pour mémoire et sauvegarde de tout ce qui a été écrit ci-dessus, j'ai fortifié les présentes lettres du témoignage de mon sceau. — Fait l'année du Seigneur 1233.

A côté de Fresnoy, un tout petit bouquet d'arbres qui se sépare comme à regret de la longue trainée, là est Doux-Mesnil, quart de fief de cette même baronnie de Grandcourt et dont le seigneur du lieu Raoul de Doux-Mesnil est mentionné dans deux chartes de l'abbaye de Foucarmont.

Au bas de Doux-Mesnil, dans ce vallon qui fourche avec celui de Hesmy pour venir se terminer à l'Yères, c'est d'abord Puisenval et Richeval, puis le Douet, ensuite le Hamel, enfin Marchaumont, autant de dépendances de cette baronnie de Grandcourt dont le siège et celui de la baronnie d'Ecotigny, nous apparaissent au bas du Mont-Gosselin.

Mais laissons ces lieux où dans la suite nous reviendrons à cause de leurs fiefs ; et reprenons une nouvelle envolée par les campagnes situées au-dessus des vallons d'Hesmy et de Puisenval, que nous voyons dans ce large panorama en forme de fer à cheval et qui se déroule en face de nous.

A notre gauche, au-dessus du vallon de Puisenval, entre le Suraumont, juché sur une hauteur et le bois de Tous-Vents — deux points indiquant des endroits où souffle toujours un air gaillard — qui est à notre droite apparaît un point grimaillant d'une couleur sombre sur le bleu du ciel et nous bouche l'horizon du côté du sud, c'est le village des Jonquières, autrefois composé de deux paroisses: la Trinité des Jonquières et Saint-Pierre-des-Jonquières ayant chacune leur église édifiée en face l'une de l'autre et séparées seulement par le chemin.

Les cloches des deux églises lorsquelles étaient en branle produisaient un effet si discordant, que leur sonnerie a donné lieu dans la contrée au proverbe suivant, pour désigner ceux dont les rapports laissent à désirer :

*I s'intintent come les cloques des Jonquières.*

En 1179, Lucas des Jonquières fils de Geoffroy d'Eu qui était en contestation avec l'abbaye du Tréport au sujet de deux gerbes de la dîme de Pendé que les moines de ce monastère prétendaient leur appartenir, mit fin à ce différend par l'abandon des deux gerbes. Témoins Hugues, abbé, Vautier, prieur, Vautier, frère de Lucas (1). Guillaume, curé de Campneuseville, Girard, clerc de Bailly, Albéric des Jonquières, etc.

En 1233, Gilbert Malchevalier, du consentement de Berthe son épouse, donne et concède le fief intégral — *integro* — de la Jonquière dit aussi de Malchevalier à Enguerand de Saint-Martin, pour son service — *pro suo servitio* — huit livres tournois payées de suite. Mais comme Gilbert tenait lui-même ce fief de Nicolas d'Heudelimont, celui-ci reconnut l'an suivant Enguerand pour homme — *pro homine* — et lui accorda ce fief moyennant une redevance annuelle de 10 sols de monnaie courante payable à la Saint-Remi et en présence de Gilbert prêtre et de Raoul de Smermesnil, prévost, le tint quitte de tout service sauf le secours de deux hommes.

La même année (1234) et par suite d'un nouvel accord le dit Nicolas cède une partie de cette rente à Enguerand pour cent sols tournois, que celui-ci lui donne de suite et ne conserve qu'une rente de trois sols payable à Pâques et aussi quelques *cerotero* ?

Nicolas d'Heudelimont jure en face de la Sainte Trinité de la Jonquière — *facie sanctae Trinitatis de Jonquaria* — de tenir ferme cette vente et de la garantir contre tous.

Enguerand ne conserva pas ce fief de Malchevalier puisque cette même année 1234 il l'échangea avec les moines de Foucarmont et tout ce qu'il possédait à la Jonquière contre un ténement sis à Orival entre le moulin et Watierville, et que l'abbaye tenait de la libéralité de Nicolas Tyrel (2). En plus, les religieux étaient tenus à la rente de 3 sols dessus dite et des quelques *cérotero* ?

Au XVIII<sup>e</sup> siècle le fief de Malchevalier figure encore parmi les revenus de ce monastère.

(1) En 1207 le même Vautier curé de Saint-Pierre des Jonquières, donne avec le consentement de son frère Lucas, une dîme à l'abbaye du Tréport, à prendre sur une terre qui lui venait de Geoffroy d'Eu, son père.

(2) De la famille des Tyrel de Mesnières.

A gauche des Jonquières sur un raidillon séparant deux petits vallons c'est Lignemare. Roger de Lignemare en prenant l'habit monastique à l'abbaye du Tréport lors de sa fondation (1059) donne à ce monastère la terre de ce lieu et cette donation fut confirmée par Robert, comte d'Eu.

En 1292 un différent existait entre l'abbaye du Tréport et Guillaume de Cantepie, écuyer, qui possédait un ténement à Lignemare.

« Mais les religieus ne voleint mie contenchier ne plesdier, « par concel de bone gent, s'accordèrent e le Wyllaume autre « si que Mgr Henri de Grantcort e messire Wyllaume de « Pierrepont, chevaliers, sceussent e enquersissent » la cause du différent, les deux arbitres s'adjoignirent pour tiers Robert de Saint-Pierre, chevalier.

Il fut décidé que les religieux rendraient 1 liv., 73, 6 d., au dit Guillaume de Cantepie « et que dorenavant ne luy ne ses « heoirs n'arroient justice ne segnorie sur le devant du fié ».

Reprenons une autre perspective, moins vaste mais offrant un égal intérêt par les localités qui apparaissent.

Derrière le Cabalet, hameau composé de trois maisons assises sur deux cantons on voit bois et futaies. Dans ce lieu est Coqueréaumont, une des plus importantes granges — *Grangie Cokerelmont* — que possédait l'abbaye de Foucarmont, par suite de nombreuses donations qui lui furent faites au XIIe et XIIIe siècles.

Voici d'après un état nominatif de 1223, le nombre des pièces de terres que l'abbaye possédait à *Cokerelmont* ou relevaient du revenu de cette grange.

*Cokerelmont* a 24 acres dont 20 doivent deux parts de dîme et les 4 autres ne doivent rien. A Puisenval sont 3 acres devant également la dîme. De ces 3 acres dont 2 sont près les jardins et l'autre touchant au bois de Grandcourt. Les terres sises dans le vallon de la Leuqueue (1) sont soumises à la dîme, sur

(1) Une partie de ce vallon est encore désignée sous le nom de *Terre des Moines.*
Ces terres provenaient en grande partie du don d'Odoard. médecin à Fou-

la colline du même vallon, une acre également soumise à la dîme du curé du lieu.

Vers Lignemare 5 acres libres de toutes redevances. En avant de Preuseville, 5 acres du fief de Guillaume de soumises à la dîme, dans le vallon du Coudroy, 2 acres également soumises à la dîme, près du Fresne (1) en avant de Preuseville, 4 acres devant la dîme et le Champart. A la croix 6 acres devant la dîme, 6 acres qui aboutissent à la terre Enguerand Burel, devant également la dîme, de même 10 acres de terre qui touchent à la mare, 11 acres de la terre et sises près la culture des moines, et étant soumises à la dîme et au champart, de même que 10 autres acres aussi situées près de la même culture. De la culture des moines, 20 acres du fonds de Simon de Saint-Remy, payant dîme, 4 acres près la terre de Godard *idem*. Entre Hesmies et Cokerelmont 3 acres sises à la Folie (2) *ibid*.

A côté de Coquereaumont, un clocher, c'est celui de Preuseville. Il est de date récente comme l'église qu'il complète, car celle-ci a été construite dans le village pour remplacer l'ancienne qui était dans la plaine et avait le tort d'obliger le desservant à sortir dans les champs pour remplir son ministère.

Cette église était là depuis des siècles entourée de plusieurs générations de morts dont elle était la gardienne. Elle aurait pu y rester encore aussi longtemps. Mais l'esprit trop entreprenant de celui qui avait pour mission de respecter la maison

---

carmont, qui du consentement d'Avicie sa femme et celui de sa nièce Elisabeth femme d'Eustache de Floques, avait donné 40 acres de terre de son fief de Hesmy et 15 acres de celui de la Leuqueue et ce en présence de Henri comte d'Eu, la comtesse Mathilde. Thomas de Brienchon, Robert de Saint-Pierre, Guidon d'Avesnes, Henri de Grandcourt, Gilbert, médecin, etc.

(1) A Preuseville il est encore de tradition de désigner les lieux dits du nom de certains arbres. Vers la Hetroye il y a le *Poirier*, comme un pommier existant encore il y a quelques années, au carrefour des chemins de Coquereaumont à Foucarmont et de Grandcourt à Preuseville avait fait désigner ce lieu dit : le *Pommier*.

(2) Ce lieu dit existe encore sous la même dénomination.

de Dieu quelle qu'elle fut et le silence des vivants, ont tué la gardienne des morts, car il ne s'est pas élevée une voix autorisée contre cette regrettable destruction que plus tard tous ont déplorée.

Dans cette ancienne église nous y avons reçu le baptême et fait notre première communion. Nos regrets à la pauvre disparue.

Au moyen âge Preuseville n'eut pas ses seigneurs particuliers. Le domaine de ce lieu était possédé par Roger de Mortemer lorsqu'il donna à l'abbaye de Saint-Victor-en-Caux qu'il venait de fonder (1074) les églises de Dancourt, Saint-Riquier, *Preuseville*, etc.

Au-delà de Preuseville, dans tout le lointain les grands arbres que nous voyons devant nous et semblent par leur cime très élevée toucher la voute sidérale, indiquent le lieu où est Varimpré.

L'abbaye de Foucarmont possédait une grange en ce lieu.

Les chroniques du temps rapportent les libéralités des seigneurs environnants possesseurs de terres, soit à Varimpré soit aux alentours et nous font connaître tout l'intérêt que ces seigneurs portaient à la naissante abbaye. Nous citerons parmi les donateurs : Nicolas de Watierville qui donna en 1175, libre de toute redevance le fief de Varimpré qu'il tenait de Richard de Fesques, cette donation fut faite en présence de Thomas de Bonnerue et de Helie de Clais.

Gilbert des Essarts abandonne tout ce qu'il a sur le territoire de Varimpré, le donne absolument libre à condition d'une redevance de 50 sols de Rouen ; Guillaume, camerier de Tancarville donne 80 sols par an, et tout ce qui sur la terre de Varimpré sur celle de Fresnoy (en val) lui avait été donné par le comte Richard, libre de toute coutume à l'exception du service des vavasseurs ; Oylard d'Illois, donne le champart de sa terre de Varimpré — de ce qu'il avait conservé de terre en ce lieu — et confirme la donation qu'il avait précédemment faite aux mains d'Hugues archevêque de Rouen, au sujet d'une terre sur le territoire du dit Varimpré.

Nous terminons en rapportant en entier une charte de Robert de Bonnerue.

Sachent tous que moi Robert de Bonnerue ai donné et abandonné en pure et perpétuelle aumône pour le salut de mon âme et celle de mes ancêtres, à Dieu et à la B. Marie et à Saint-Jean de Foucarmont et aux moines qui y servent Dieu, tout le fief que je tenais de Raoul de Fesques, lequel fief est en 3 portions, savoir : tout le fief des Essarts devant la porte de Garimpré. J'ai donné en plus aux dits moines tous les blés existant sur le dit fief l'an de l'Incarnation du Seigneur 1227. En outre, j'ai donné et abandonné aux moines sus dits 2 mines de blé de revenu annuel que je recevais chaque année de la grange de Garimpré — *Grangia de Garimiprato* — pour 3 acres de terre qui sont dans le dit fief. Pour assurer et garantir aux moines la dite donation, moi Robert ai juré sur les choses sacrosaintes, et ceci a été fait du consentement et de la volonté de Roger et d'Osbert mes frères et du consentement d'Agnès ma mère et de Théophanie ma femme — *Agnetis matris mee et Theophaniæ uxoris mee* — qui de plein gré et sans aucune contrainte ont juré ne jamais rien réclamer sur le sus-dit fief ou sur les blés soit en raison de la dot, soit pour tout autre motif. En retour de cette aumône les dits moines m'ont donné sur les biens que Dieu leur a conférés 17 livres tournois. Et pour que le tout soit et demeure à l'abri de toute réclamation dans l'avenir, je l'ai confirmé par le présent écrit et l'apposition de mon sceau. Fait l'an de grâce 1226 février.

La même année Bernard, doyen de Foucarmont confirme la sus-dite donation et rappelle le serment fait par la mère et la femme de Robert de Bonnerue, de ne jamais rien réclamer.

Mais revenons à une nouvelle perspective, qui pour être la dernière, n'en est pas la moins intéressante par le nombre de localités comme par les souvenirs qui s'y rattachent.

A gauche, la partie supérieure de la vallée apparaît en plein avec les localités que traverse l'Yères ou celles qui ne font que toucher aux bords de cette rivière.

La première en dehors du territoire de Grandcourt c'est Béthencourt, lieu très ancien qui possède de nombreux vestiges gallo-romains et sur lequel est un lieu dit nommé *les Torches*, sur lequel n'apparaissent aucuns vestiges d'habitation, mais qui par sa position très élevée était au temps des peuples gallo-romains un lieu d'observation ou plutôt de communication au moyens de signaux de convention avec cinq points offrant encore des traces de séjour ou d'habitation.

Le premier situé sur un petit plateau à l'angle du Mont-Jean-Leu et derrière le bois de ce nom a donné des pierres de jet, des silex taillés et des morceaux de meules à broyer, aussi en silex, sur le deuxième qui est à la limite des territoires de Béthencourt et du Mondion on a recueilli des morceaux de tuiles romaines des débris de faitières et ramassés de gros cailloux provenant de constructions. Quant au troisième et au quatrième, l'un situé au-dessus des prairies du Mondion et l'autre à peu de distance de *la Fontaine-à-Leu* leur sol est parsemé de tuiles, imbrices, débris de vases romains, etc. Pour ce qui est du cinquième sis à l'Est des *Torches* et sur le territoire de Saint-Remy, M. l'abbé Decorde et moi y avons recueilli des poteries celtiques dont un spécimen est au musée de Rouen. On remarque en cet endroit des débris de tuiles romaines.

M. l'abbé Cochet dit que Bethencourt — *Bettoniscurtis* — fut donné à l'abbaye de Fontenelle ou de Saint-Wandrille en 713.

Après l'avoir possédé plus de huit cents ans, les religieux de Saint-Wandrille cédèrent en 1565 le fief et seigneurie de Béthencourt dit de *Saint-Wandrille* (1/4 de fief de Haubert) à Jean de Larretz mais lui fut retiré par les dits religieux « tou-« tefois après avoir été remboursé de son principal, frais et « loyaux, couts montant à sept cent-cinquante livres », puis fut vendu le 25 novembre 1568 à André de Bourbon de Rubempré.

De la chapelle de Notre-Dame et Saint-Remy de Béthencourt dont parle Duplessis, il n'existe aucune trace pas même le souvenir de l'emplacement où elle a pu être. Citons cependant une croix en grès du XIIIe ou XIVe siècle, naguère encore devant une place publique, à présent placée à l'angle du chemin. Cette croix était peut être alors à l'endroit occupé par le petit édifice religieux?

En remontant la vallée du côté des marais, est une ancienne motte en partie disparue lors de la construction de la route de Blangy. Cette motte a donné son nom au fief de la Motte-Saint-Remy 1/4 de fief, dépendant de celui de Béthencourt dit de *Saint-Wandrille*.

Passé la rivière c'est Saint-Remi qui eut ses seigneurs particuliers si souvent cités parmi les bienfaiteurs de l'abbaye de Foucarmont.

Bernard de Saint-Remi est avec Robert de Favencourt témoin de la donation d'une acre et demie de terre faites vers 1150 par Renald de Sept-Meules et Amable sa mère.

Vautier de Saint-Remi, frère d'Enguerand et Simon qui suivent donne en 1185 une masure près le Tréport.

Simon fils de Vautier donne à la même abbaye en 1208 pour la grange que les religieux de ce monastère possédaient à *Cokerelmont*, 20 acres de terre sises au camp de *la Croix Formillet*, près du chemin allant à Marcelmont (*Marchaumont*, près *Grandcourt*). De plus, en présence de Yvon de Saint-Remi son frère, de frère Adam, maistre de Cokerelmont et de Jean de la Leuqueue, il abandonne à la dite abbaye 3 sols angevins de rente annuelle payable à la mi-carême.

En 1218, Enguerand de Saint-Remi frère de Simon et d'Yvon est avec Engremer de Sainte-Beuve, témoin d'une donation faite au même monastère par Enguerand de Fesques.

En 1238, Robert de Saint-Remi, chevalier, du consentement de Mathilde sa femme, vend aux moines de Foucarmont une acre et demie de terre touchant à celles de Raoul de Bosc-le-Hard, pour le prix de 6 livres tournois et concède en plus à l'abbaye une rente annuelle de 2 sols tournois.

Et la main sur les Evangiles, Robert de Saint-Remi en présence de Robert de Bosc-le-Hard de qui ressortait cette vente promet que lui, son épouse et ses héritiers n'élèveront jamais aucune réclamation au sujet de cette vente.

Yvon de Saint-Remi ne fit pas moins que ses frères Enguerand et Simon. Du consentement de sa femme Mathilde, il donne aux moines de Foucarmont 5 acres de terre devant la grange de Cokerelmont près du chemin allant de la dite grange à Preuseville.

A côté de Saint-Remi est une terre autrefois siège d'une haute justice, *le Bolhard* ou *Bosc-le-Hard*, qui au XIII⁰ siècle appartenait à la famille de ce nom (1),dont plusieurs membres sont comptés parmi les bienfaiteurs de l'abbaye de Foucarmont.

En 1221, Robert de Bosc-le-Hard, chevalier, dorne à l'abbaye de Foucarmont et aux moines qui y servent Dieu, *25 esperditas* (2) de fer en sa ville de Bosc-Rohard à recevoir à la fête de la Saint Jean-Baptiste par la main de son prévôt ou de celui en tenant place. Le donataire ajoute :

« Et si le prévôt ne voulait pas rendre aux dits moines au
« terme fixé les dites *esperditas*, je donne (dit Robert) aux sus-
« dits moines plein pouvoir d'exercer justice et représailles
« sur quatre maréchaux de la même ville ; à savoir : leur
« prendre leurs marteaux jusqu'à complet paiement ».

En 1237, Raoul de Bosc-le-Hard, chevalier, confirme la vente faite par Adam, prévost de Saint-Remi, aux religieux de Foucarmont, de 7 sols tournois d'une rente sise à Preuseville.

En décembre de la même année 1237, le dit Raoul, du

---

(1) La famille de *Bosc-le-Hard* tient son nom de la terre de *Bosc-le-Hard* canton de Bellencombre et nos recberches n ont pu nous procurer aucun renseignement pour établir comment des membres de cette famille vinrent habiter le *Bolhard* ou *Bosc-le-Hard* sur les bords de l'Yères — auquel ils donnèrent peut-être leur nom. — Il n'y a cependant aucun doute à ce sujet; les *Bosc-le-Hard* ou *Bosc-Rohard*, des bords de l'Yères étaient les mêmes que ceux de la plaine cauchoise.

La donation concernant Robert de Bosc-le-Hard, indique que cette famille possédait à la fois certaines terres dans la vallée de l'Yères et ses environs et *les ferrières* du Bosc-le-Hard, dans le pays de Caux. — Voir M. l'abbé Cochet — *Repert. arch., de la S. J.* pag. 10. Le même : *Eglises rurales de l'arrondissement de Dieppe*, pag. 427.

(2) Ce mot paraît avoir la même signification que le mot **gueuse**.

consentement d'Isabelle, sa femme et Robert son fils aîné, vend aux mêmes religieux 9 acres de terre sises à Preuseville et pour le prix de 20 livres 10 sols tournois.

Raoul Isabelle, son épouse et leur fils Robert, s'engagent par foi corporelle et sous l'obligation de tous leurs biens présents et futurs, à ne faire aucune réclamation sur la dite vente.

Quelque temps après le même Raoul de Bosc-le-Hard, chevalier, abandonne aux moines de Foucarmont toute la terre qu'il a devant la grange de Cokerelmont, pour 4 livres tournois que le dit Raoul devait aux dits moines.

Le *Bolhard* ou *Bosc-le-Hard* (près Saint-Remi-en-Rivière) était un plein fief de Haubert ayant droit de haute justice, s'étendant sur les communes de Saint-Remi-en-Rivière, Dancourt, *Predeville* (Preuseville) et Saint-Riquier-en-Rivière en partie.

Cette haute justice qui avait été retirée du Bailliage et vicomté de Neufchâtel en 1702, fut supprimée par Edit du Roi, de décembre 1776.

Il y a quelques années on voyait encore dans des dépendances de la ferme du Bolhard l'endroit où se tenaient les plaids, cet endroit était encore désigné sous le nom *d'Audience*.

En laissant Saint-Remi, un clocher apparaît dans le boisé de *la Falaise*, c'est celui de Dancourt.

Cette terre eut aussi ses seigneurs particuliers mais ce fut de courte durée. Guidon de Dancourt ayant pris l'habit monastique à l'abbaye de Foucarmont, les chroniques d'alors ne font plus mention d'aucun seigneur portant le nom de cette terre. En 1225, Guidon de Dancourt est dit religieux à l'abbaye de Foucarmont. Il est avec Robert de Douvrend et Nicolas du Thil, témoin d'une donation faite à son monastère par Guillaume Rossel.

Mais laissons Dancourt, qui a encore un pélerinage sous le vocable de Saint-Onuphre, où l'on apporte des enfants *noués*. Sur cette localité nous possédons d'intéressants documents historiques que nous espérons publier dans nos recherches sur le pays de Bray. Aussi arrivons de suite à

Saint-Riquier. En ce lieu il y a également un pélerinage à la Trinité, on y apporte grand nombre de grosses brioches pour intéresser l'Être suprême à la conservation des bêtes à cornes.

Au dessus de l'église on remarque encore l'emplacement « d'vn chateav-fort destrvit par les malhevrs des gverres ».

Les archives du comté d'Eu contiennent la charte de donation du patronage de l'église de ce lieu à l'abbaye de Saint-Victor-en-Caux.

Nous rapportons ici en entier, cette charte qui intéresse également les églises de Preuseville, Dancourt, Saint-Remi-en-Rivière, Nesle-Normandeuse et la chapelle d'Aulnoy, et par laquelle Hugues de Mortemer confirme à la dite abbaye toutes les donations faites par Roger de Mortemer son aïeul et Raoul son père, et y joint de nouvelles donations.

Charte d'Hugues de Mortemer :

Sachent présents et futurs, que moi Hugues de Mortemer soucieux du salut de mon âme, et celle de mon père et de ma mère, de mes fils, parents, amis et de tous mes ancêtres, en l'amour et au nom de la sainte et indivisible Trinité, donne et confirme tout ce que mon père Raoul, mon grand père Roger et leurs hommes ont donné, tout ce que moi et mes hommes avons donné en perpétuelle aumône, libre de toute redevance au couvent de mon seigneur et patron Saint-Victor, martyr, savoir :

A Preuseville, l'église avec toute la dime et la terre d'une charrue avec 10 masures et 7 acres du don de Yvon de Boissay et une acre prise dans son aulnage.

A Saint-Remi, l'église avec toute la dime et 7 acres de terre et une masure et 3 acres de terre du don de Gualon, prêtre.

A Dancourt, l'église avec toute la dime, et dans ce même village 2 acres de terre données par Emma du Quesnoy pour l'âme de son fils Guillaume, la terre de            qu'a donnée Roger du Val, 2 acres du fief de Roger du Mont, du don de Hugues Rustenc et de Raoul, son père 2 acres, du don de Robert fils de Gonche une acre, le don que fit au même village Robert Pretor et Richilde sa femme, savoir : un hôte et une acre de terre.

A Saint-Riquier l'église et toute la dîme avec 6 hotes (1), et dans le vallon de Drisencourt une acre de terre donnée par Raoul mon père pour échange de la terre derrière le château, du don de Hugues le Vavasseur 2 acres, du don de Edwige de Harcelaine 2 acres, du don de Vautier d'Ansenne, une acre.

A Aulnoy, la chapelle avec toute la dîme, et 2 acres de terre et une masure données par Robert d'Aulnoy. A Saint-Riquier la dîme de mon toulieu (2) et sur mes moulins 14 mines de froment en aumône et une acre de terre sise derrière le moulin de Saint-Riquier, du don de Mabilie et d'Adam de Saint-Laurent toute la terre qu'ils tiennent de moi et la chapelle de Saint-Sylvestre.

A Nesles 2 part de toute la dîme et une acre de terre et le courtil du fief de Vautier de Senarpont.

A l'Épinoy la dîme de mes moulins et 14 mines de blé. A Saint-Germain 2 gerbes de toute la dîme venant du don de Roger de Muchedent, d'Hugues de Montburel, de Guillaume fils de Gonnor et de Richard d'Aulage.

. . . . . . . . . . . . . . . . . . . . . .
. . . . . . . . . . . . . . . . . . . . .

En outre de ce qui précède je concède et aussi confirme toutes les coutumes que mon père et moi avions sur les terres de Saint-Victor et qui ont été données et concédées à ce saint par moi, par mon père et par mes hommes; et pour que ma donation reste ferme et indissoluble je prends pour témoins : Hugues et Guillaume mes fils, Robert chapelain, Renaud de Cropus, Anselme d'Évrard-Mesnil, Richard d'Auffay, Lambert de Cailleville, Adam de Saint-Laurent et ses fils Guillaume et Roger, Nicolas de Sainte-Beuve et

(1) Il y a lieu de croire que les six hôtes donnés dans la paroisse de Saint-Riquier, ont servi à la formation du fief de la Bargue, auquel plusieurs auteurs ont attribué le droit de nomination au patronage des diverses églises qui font l'objet de la charte de Hugues de Mortemer.

Ce fief touchait « à la fieu ferme de Predeville et au quemmin qui mène de « Saint-Riquier à Daencort et consistoit en manoer édifié d'hostel 20 acres de « terre et une petite pièche de pré ».

Le 8 novembre 1447 Jehan de Rouvillers abbé de Saint Victor a fieffé la terre de la Bargue à Robin Magnier, moyennant cent sols de rente payable à la Saint-Remi et à Pâques. En outre le dit Magnier était tenu de recevoir à ses dépens une ou deux fois par an le dit abbé, ses hommes et ses chevaux.

(1) Droits qui se payait pour les places où l'on étalait dans un marché, ce qui laisserait supposer qu'à cette époque un marché aurait existé en ce lieu.

Fulcon son frère, Guillaume de Saint-Germain, Jourdan de Beaunay, Robert son frère, Roger de Huanmesnil, Renaud de Vassonville, Raoul, camerier, et Roger son fils, Guillaume de Hugleville, Elie et Hammon ses fils, Robert d'Épinay, Guillaume de Ripefort, Robert de Melleville, Michel, dapifer.

La copie de cette charte n'est pas datée, mais il y a lieu de lui assigner une époque certaine par les détails suivants :

Le prieuré de Saint Victor-en-Caux avait été fondé en 1051 par Tormord, prêtre du pays. Ce prieuré fut érigé en abbaye en 1074 par Jean, archevêque de Rouen à la prière de Roger de Mortemer premier du nom et de sa femme Advise qui accordèrent de grandes libéralités à la naissante abbaye.

Raoul, leur fils vivait en 1106 et Roger deuxième du nom, fils de ce dernier et père de Hugues, est mentionné dans un titre de 1139. Hugues l'auteur de la charte que nous venons de rapporter vivait en 1154.

La charte de donation à l'abbaye cauchoise des églises de Preuseville, Saint-Riquier, Dancourt, Saint-Remi et Nesle-Normandeuse ainsi que de la chapelle d'Aulnoy et celle de Saint-Sylvestre est donc de la moitié du XIIᵉ siècle. (v. note à la p. suiv.)

L'original de cette charte ayant « pour cause de vetusté été fortement endommagé principalement à cause du sceau, les hommes, religieux, abbé et couvent de Saint-Victor » présentèrent au roi Charles-*le-Bel* une requête pour obtenir un vidimus tant de la charte précitée, que d'une autre de Jean, comte d'Eu se rapportant au même sujet.

Sur l'ordre du roi et d'après le rapport de André Tesson, mentionnant que les dits religieux avaient toujours régulièrement et légitimement joui des biens, droits et prérogatives par eux énoncés, Richard Godard, clerc et notaire public fut chargé de rédiger « en nouvelle écriture et de bonne teneur » l'acte suivant :

Jean par la grâce de Dieu comte d'Eu à Enguerand de Fressenneville, dapifer et à tous ses barons et officiers de justice salut.

Nous voulons que tous sachent que nous sommes depuis longtemps frère et ami de l'église de Saint-Victor pour maintenir et protéger les aumones que possèdent les dits moines sur la terre qui appartint à Hugues de Mortemer, qui est maintenant à moi (1) et je la donne à Enguerand de Fressenneville (2) à qui je recommande et ordonne d'une manière particulière de maintenir ces aumônes et de les faire tenir aux moines librement.

Ces aumônes sont : l'église Saint-Aubin de Dahencort, l'église de Saint-Riquier, avec la chapelle de Notre-Dame d'Aulnoy, l'église de Saint-Remi, l'église de Preuseville, avec les cimetières, les dîmes et les oblations et donations de terres qui appartiennent aux dites églises. Deux gerbes aussi de la dîme qui est sur Nesle et un courtil, de la dîme aussi du tonlieu et des moulins de Saint-Riquier et de Dancort, en tant que les moines possèdent ces aumones suivant la collation d'Hugues, archevêque de Rouen et autres personnages ecclésiastiques ses prédécesseurs ; et d'après le don et avec la protection de Raoul de Mortemer et d'Hugues son

(1) Hugues de Mortemer ne dut pas après la donation du patronage des églises de Saint-Riquier, Dancourt, etc. posséder bien longtemps la terre de Saint-Riquier, cette terre lui fut probablement confisquée pour quelque cas de forfaiture que les guerres de partisans de tel ou tel duc ou héritier de duc, ne laissaient pas que d'être déjà assez communs à cette époque, puisque Saint-Riquier est possédé par le comte d'Eu, seigneur suzerain.

Foucher, abbé de Tréport étant au nombre des témoins de l'acte rapporté ci-dessus, et cet abbé qui existait encore en 1153, mais d'après le *Gallia*, semble avoir pour successeur en 1159 Guillaume 1er, était certainement remplacé en 1161 par Richard 1er. Lors même que celui-ci ne serait pas le successeur immédiat de Foucher, la charte du comte Jean 1er n'est pas antérieure à 1154 ni postérieure a 1160.

(2) Le comte Jean 1er tenait en grande estime la famille de *Fressenneville* et la prend souvent à témoin de ses nombreuses libéralités. En 1146 Enguerand de Fressenneville est avec Robert de Saint-Pierre, Henri de Neufmarché, Osberne de Foucarmont, Eudes, camérier, cité dans la charte de donation de l'église de Guerville à l'abbaye de Tréport.

En 1153 le comte Jean, en présence de Henri de Cuverville, Enguerand d'Ecotigny, Hugues d'Eu, Richard de Fressenneville etc, concède aux moines le droit d'acheter et de vendre à Eu les choses qui leur sont nécessaires. puis quelque temps avant la mort de Jean (1170) Enguerand de Fressenneville est témoin de la confirmation par le dit comte Jean, de la vente de la moitié d'une saline, au Tréport, faite à l'abbaye de Briostel.

fils et les possédant en toute liberté,de même moi Jean, comte d'Eu, j'ai promis pour le salut de mon âme et celle de mes ancêtres et résolu que les dits moines tiendront ces aumônes libres de tout ; et j'ordonne que si quelqu'un osait leur faire injure ou violence à ce sujet, on fasse même justice que je voudrais être faite si on osait envahir mon domaine ou le gréver.

C'est pourquoi je veux et ordonne que tout ce qui est dit ci-dessus soit observé par Enguerand de Fressenneville et tous mes barons, à toujours et à perpétuité.

Témoins pour Jean comte d'Eu, Robert d'Eu, Enguerand de Fressenneville, Enguerand d'Ecotigny, Gilbert de Foucarmont, Eustache Harment. Pour l'abbé de Saint-Victor ; Foucher abbé de Tréport, Simon Gautier de Braquetiut, Roger de Saint-Remi, Guillaume de Foucarmont, prêtre, Raoul, camerier.

A Corbeil, An du seigneur 1326.

En quittant Saint-Riquier, est un endroit entouré d'une large ceinture d'arbres, où le vert clair des peupliers, le vert opaque du saule, marient leurs couleurs à celle du vert sombre de l'aulne, c'est *Aulnoy* mentionné dans la charte d'Hugues de Mortemer rapportée ci-dessus ; et ce à cause de la chapelle de ce lieu donnée par Hugues à l'abbaye de Saint-Victor. Le nom des seigneurs *d'Aulnoy* est familier aux chroniqueurs ; ce nom est souvent cité dans les chartes des abbayes de Foucarmont et du Tréport.

A l'exemple de Guillaume de Sausseusemare. de Balderic de Flamets, qui avaient donné chacun une acre de terre à l'abbaye de Foucarmont, d'Enguerand d'Illois qui en avait aumoné dix acres, Robert d'Aulnoy en donna douze (1175). Toutes les terres coucernant ces diverses donations étaien t sises près le *Fossé-Roy*.

Raoul d'Aulnoy du consentement d'Agnès sa femme et de ses héritiers Guillaume et Jeanne, donne aux moines de Foucarmont uue rente perpétuelle de 10 sols à prendre sur des héritages sis à la Leuqueue, consistant en masure, jardin, 4 acres de terre sises au champ du Renard et une acre et demie aux Pucheux, le tout tenu de droit héréditaire par Guillaume, forgeron d'Hesmy, ce revenu était payable à la Saint-André.

Au temps d'Osberne de Fréauville, abbé au Tréport (1109 à 1140) Henri Biset, du consentement de sa femme Berthe et de son fils Guillaume, fonda le prieuré de la Fresnoye, qu'il donna à l'abbaye du Tréport.

Parmi les témoins de cette fondation on remarque Gérold de Hornoy et Bérenger d'Aulnoy.

À la mort de Henri Biset, Guillaume. son fils qui déjà avait ainsi que sa mère « déposé sur l'autel de l'église prieurale de Saint-Nicolas de la Fresnoye, le don fait par son père, de rechef estant à Aumale un jour de Samedy, dans le marché, fait la concession de tout ce que son père avait donné à l'abbaye du Tréport, dans le village de la Fresnoye ».

Cet acte consenti à la demande de Guibert, doyen d'Aumale, fut accompli en présence de Geoffroy d'Aulnoy, fils de Francon, Bérenger d'Aulnoy, etc.

Toujours en remontant la vallée c'est Fallencourt qui sous les noms de *Favencourt* et de *Fanicuria* est à cause de la libéralité de ses seigneurs un des lieux le plus souvent cités dans le cartulaire de Foucarmont.

Lambert de Favencourt, du consentement de Beatrice sa fille et de Raoul Rastel son gendre, donne le champart de 4 acres de terre sises près la culture des moines.

Robert de Favencourt donne une charrue (1) de terre libre de toute redevance, à prendre dans la lande de Campneuseville et toute la dîme de cette lande.

Vautier *le damoysel de Favencourt* et Girold de Sommereux avaient donné aux moines la moitié d'une pièce de terre leur appartenant par indivis, Gérold, en présence du couvent et d'Hugues de Hodenc à qui appartenait l'autre moitié de la dite pièce de terre, qu'il avait déjà aumônée aux dits religieux, renonce pour lui et pour les siens à toute réclamation au sujet de sa donation.

(1) Tout ce qui peut être labourée en une journée. L'expression *dimidiam carucam*, que l'on rencontre souvent dans les chartes est employée pour désigner une *demie charrue*, c'est-à-dire ce qui pouvait être labouré en une demie journée.

En 1217 Henri de Favencourt, frère puiné de Vautier, ne confirma à l'abbaye de Foucarmont la possession de cette terre que moyennant un revenu annuel de deux sols de monnaie courante. Quelques années plus tard (1220) Jean de Favencourt, chevalier, du consentement de Béatrice son épouse et de son fils Jean, donne au même monastère 10 vergées de terre, sise à Campneuseville et touchant des deux bouts et d'un côté à la terre des moines. En faisant cette donation Jean spécifie que si par impossibilité lui et ses héritiers ne peuvent garantir les religieux dans leur possession, il s'engage à leur donner en échange quatre livres tournois de revenu annuel à prendre sur son propre domaine de Favencourt.

L'année suivante Hellebold de Favencourt, chevalier, confirme tout ce que son père et ses vavasseurs ont donné à Campneuseville. Il complète sa libéralité en donnant son champ de Beaulieu pour un revenu de 5 mines de grains, moitié froment moitié avoine.

Grâce à la générosité des comtes d'Eu et à celle des seigneurs des environs, l'abbaye de Foucarmont possédait dès le commencement du XIIIe siècle de nombreuses terres à Campneuseville, ses religieux avaient fait de nombreux déboisements et livré à la culture une partie de cette lande, lorsque vers 1239 Jean de Favencourt augmenta encore la possession des moines, en leur cédant tout son champ de Campneuseville, moyennant 55 livres tournois. En consentant cette cession Jean déclare le dit champ libre de toute redevance séculière.

Ne terminons pas cette longue liste de bienfaiteurs ayant appartenu à la famille de *Favencourt* sans citer le nom de Guillaume fils de Vautier *le damoysel de Favencourt*, lui-même désigné sous le surnom de *damoysel*, et qui en 1227 du consentement de son épouse Hadwige et de son frère Pierre, donne 5 sols de revenu annuel payable à Pâques, et en 1231 aumone deux champs de terre.

A l'occasion de la terre de Favencourt, nous rapportons encore plusieurs donations faites à la même époque.

Robert de Mesniel (1) du consentement de Robert de Retonval et de Raoul de Favencourt et en présence de Godard son frère et d'Evrard de Pierrecourt, donne à l'abbaye de Foucarmont tout ce qu'il possède de la terre de Beaulieu et *qui est situé entre la terre des paysans de Campneuseville et la forêt par où on va à Pierrecourt.*

Cette donation fut confirmée en 1149 par Jean, comte d'Eu. Godard de Mesniel ne se contenta pas de témoigner de la libéralité de son frère Robert, il voulut aussi être compté au nombre des bienfaiteurs de ce même monastère auquel il fit don d'une acre de terre, ainsi qu'il en est fait mention dans la charte du pape Anastase — mai 1154.

Cette colonne de fumée qui à notre gauche semble sortir de la forêt indique l'endroit où est la verrerie du Val d'Aulnoy ; et ce clocher qui semble pencher d'un côté tout en perçant très haut dans les airs c'est celui de Saint-Léger-au-Bois.

Près de là est le *Mesnil-Allart*, que Robert Ier comte d'Eu en fondant l'abbaye de Tréport (1036) donna à ce monastère avec son domaine de Fontaine près Blangy, Gremont-Mesnil, la moitié de Boiteaumesnil, et Saint-Martin-au-Bosc.

Dom Coquelin rapporte dans son *Histoire de l'abbaye de Saint-Michel du Tréport* que Jean comte d'Eu, fils d'Henri Ier accorda en 1149 aux hommes de Saint-Michel et à l'abbé, d'importants privilèges, principalement un pouvoir très étendu comme justicier sur toutes les terres que possédait ce monastère. Voici en quoi consistait ce pouvoir : « Les serviteurs de « l'abbé, ceux des moines et *ceux qui sont à leur pain*, dans « toute action de justice *se purgeront de la main*, c'est-à-dire « *par leur simple serment.* Et si quelqu'un en frappe un autre « *il donne le sang et la justice à l'abbé pour faire ce que de* « *raison* c'est-à-dire que si un homme en frappe un autre il « abandonne complètement à l'abbé et aux moines le droit de

(1) La famille de *Mesniel*, dont était Pierre de Mesniel, seigneur de Hesmy et de Equiqueville (1451) tire son nom de la terre de Mesniel sise à Saint-Remi-en-Rivière.

« haute justice, pour la poursuite du coupable et son juge-
« ment ».

Jean ajoute : « qu'il donne ces privilèges *sous peine d'excom-
munication et de la malédiction de Dieu*, que je prie — dit le
comte — de tomber sur ceux qui violeront ma volonté.

En 1575 le revenu du fief de Mesnil-Allart était en *deniers
clairs* de 29 livres 5 sols 10 deniers. Ce revenu consistait principalement en 4 mines d'avoine à 24 sols la mine, 7 poules à
4 sols et un demi-cent d'œufs à un denier.

En 1574 une somme de 1500 livres tournois fut levée sur
tout le clergé de France, pour subvenir aux frais de la guerre
« que le Roy est contraint de faire pour le sôustennement de
l'Eglise catholique, apostolique et romaine et maintenir son
obéissance » le temporel et biens des ecclésiastiques et bénéfices du diocèse de Rouen furent taxés à la somme de 100 mille
livres. Sur cette somme les religieux, abbé et couvent de
Saint-Michel de Tréport furent imposés à la somme de 1200
livres.

Pour satisfaire à cette imposition le fief de *Mesnil-Allart*
fut « vendu, quitté, cédé et délaissé par l'abbaye le 27 avril
1575 et pour la somme de 740 livres tournois à Jehan de Mailly,
seigneur de Belleville-sur-Mer ».

En outre du fief dont nous venons de parler le Mesnil-Allart
avait encore au moyen âge ses seigneurs particuliers.

En 1221 Hugues, fils de Geoffroy du Mesnil-Allard, du
consentement de sa femme Helissende et de Vautier son
premier né, donne à l'abbaye de Foucarmont un champ sis au
Val-Ricard, près Clais.

Saint-Léger avait aussi ses seigneurs particuliers et le cartulaire de Foucármont nous fait connaître les noms de plusieurs
d'entre eux.

Jean de Saint-Léger est avec Guillaume de Camberon,
Eustache d'Orival et Henri de Favencourt témoin dans une
donation que Jean de Villers du consentement de sa femme
Emeline et de sa fille Ermengarde, fait à l'abbaye de Foucarmont l'an de l'Incarnation du Verbe 1196, « en l'année où

Philippe, roy de France détruisit Aumale». Thomas de Saint-Léger est mentionné dans une charte de donation confirmée par Hugues, archevêque de Rouen.

En 1205, Reginald de Fesques et sa femme Emeline, son fils Adam, son frère Vautier donnent à l'abbaye de Foucarmont tous le champart que le dit Reginald avait sur la terre sise devant la grange de Varimpré et 18 deniers de Beauvais de revenu annuel sur la même terre. En plus 8 acres de terre, 5 à un endroit et 3 à un autre.

Cette donation consentie libre de toute coutume, service, taille, aides, mouture et autre exaction séculière, est confirmée par Guillaume de Herecort sénéchal du comte de Pembrock et faite en présence de Jean de Saint-Léger, chevalier, Henri de Favencourt et Jean de Villers aussi chevaliers.

En 1223 Geoffroy de Saint-Léger, chevalier, renonce en faveur de l'abbaye de Tréport, aux droits qu'il avait sur une masure, sise au Mesnil-Allart.

En laissant le clocher de Saint-Léger, on suit les contours de la haute forêt d'Eu, qui profilent sur la voûte des cieux et semblent fuir les uns derrière les autres, ne laissant, apercevoir — à cause de la distance — que la longue traînée des arbres qui vers le midi nous bouche l'horizon. Là est une légère éminence c'est le *Mont-Gournay*. Ce lieu doit son nom à la famille qui le possédait au moyen-âge — les *Gournay* — et peut-être ceux-ci descendaient-ils de l'antique et célèbre famille de Gournay, au pays de Bray ? Nous devons cependant dire qu'ils n'en portaient pas les armes suivant un écu aux armes de Richard de Gournay (1217) recueilli aux *Arch. Nat.* et que nous reproduisons plus loin.

En mai 1243, Jean de Gournay et sa femme Elise échangèrent avec les moines de Foucarmant une pièce de terre enclavée dans celles que les moines possedaient au Mont-Gournay, contre une autre pièce de terre que les dits moines avaient près de la mare de l'autre côté du chemin. Cet échange est fait journal pour journal.

Le même Jean de Gournay, du consentement de sa femme

vend à l'abbé et au couvent de Foucarmont, tout le champart qu'il recevait chaque année sur le territoire du Mont-Gournay et que les moines tenaient de lui et de ses ancêtres.

Ici s'arrête notre lointaine perspective et revenant vers la vallée, citons en passant le fief de *Bailleul* assis en un lieu nommé aujourd'hui l'*Epinette* ; et possédé au XIIe siècle par la famille de *Foucarmont*.

Pierre de Foucarmont vivant en 1183, le donna à son frère puiné Guillaume, qui prit le nom de *Bailleul* (1).

En descendant le cours de l'Yères on rencontre un lieu ayant une importance historique. C'est là que fut l'abbaye de Foucarmont.

Avant de descendre de notre observatoire improvisé, accordons lui une mention toute spéciale.

(1) L'origine des familles nobles du comté d'Eu et de ses environs serait une étude très intéressante à faire et très précieuse pour l'histoire locale.

En attendant qu'un chercheur plus heureux que nous puisse publier un ouvrage sur ce sujet, nous rapportons ici les quelques renseignements que nous pouvons offrir à nos lecteurs.

Roger de Sauchay de qui sont issus les grands justiciers et connétables héréditaires du comté d'Eu était de la famille de *Fréauville*. Il avait pour frère Richard de Fréauville et pour neveu Osberne de Freauville, abbé du Tréport (1100-1140).

Guillaume, batard de Normandie qui a donné origine aux anciens d'*Eu* était fils naturel de Richard Ier duc de Normandie surnommé *Sans Peur* décédé vers l'an 1000.

Guillaume II, comte d'Eu (1096) est le père de Guillaume de Grandcourt.

Le même comte d'Eu eut pour fils naturel Guillaume de Roumare.

Hugues Ier, d'Eu, seigneur de la Chaussée, vicomte perpétuel et héréditaire du comté d'Eu, présent avec Geoffroy de Bailleul et Gautier à la Barbe de Deville à la fondation de l'abbaye de Tréport (1036) était issu de la famille de Guillaume-le-Batard et de celles des comtes d'Eu. Il fut la tige de la famille de *la Chaussée d'Eu*.

De cette même famille sortie des anciens comtes d'Eu, était Geoffroy d'Eu, père de Lucas des Jonquières (1179)

Ansel de Guimerville était de l'ancienne famille des sires de *Senarpont.* Il avait pour frère Hugues de Senarpont dont il fut héritier.

Robert de Rétonval l'un des principaux bienfaiteurs de l'abbaye de Foucarmont est issu de la famille des comtes d'Eu dont il tenait d'importants héritages sur le plateau de Campneuseville ainsi que son frère Raoul de Favencourt.

En fondant l'abbaye de Foucurmont (1129) Henri I<sup>er</sup> comte d'Eu donna un pré pour asseoir les premières constructions et deux acres de bois dans sa forêt pour le chauffage des religieux.

Les seigneurs des alentours ne tardèrent pas à imiter l'exemple de leur suzerain. Aussi la naissante abbaye devint bientôt très florissante. En 1196 Philippe-Auguste se déclara son protecteur.

Le cartulaire de cette abbaye rapporte les nombreuses donations faites dès 1130 et années suivantes qui furent confirmées par les papes Lucius (1144) Anastase (1154) et Alexandre (1175).

C'est Vautier Peuvrel — d'une noble famille anglaise dont l'un de ses membres : Huveline Peuvrel, vint s'établir en Normandie en 1094 — qui d'abord donne un pré touchant à celui déjà aumoné par le comte Henri, puis du consentement de son fils Roger, il augmente sa libéralité de trois acres de terre sises au fonds Théodoric et touchant à l'abbaye, de deux autres acres de terre sur laquelle il y a des broussailles, enfin d'un champ situé au dessus de Preuseville.

Ce sont Osberne de Puchervin et Guy, son fils, qui donnent non seulement la terre qui est en deçà de l'abbaye, mais la marlière qui touche à cette terre et même le bois au-dessus de celle-ci. Nous avons mentionné précédemment les donations faites par les seigneurs de Favencourt, d'Aulnoy, du Mesniel, de Saint-Remi, de Retonval, de Bosc-le-Hard, parlons ici des seigneurs plus éloignés de l'endroit où était élevée l'abbaye, mais qui voulurent néanmoins voir figurer leurs noms parmi ceux de ses bienfaiteurs.

Baudry d'Auffay donne une acre de terre, Simon de Saint-Arnould, Gautier de Gauville et leurs femmes, Hugues de Saint-Germain (sur Bresle) de concert avec Guillerme de Hodenc donnent seize acres de terre sise à Ormesnil, Gautier de Gourchelles aumone la terre de l'Epine.

Henri de Thoix et Hugues d'Oiry donnent la terre de Menant-Essarts er tout les bois qui en dépendent, Roger de Friville et son fils Rogon donnent également tout le bois sis entre le Bois-Baril et la Nouvelle-Lande ; Jean de Pont fonde une rente annuelle de 7 sols et 9 deniers de monnaie courante « pour acheter le beurre nécessaire à la cuisine des bons moines ».

Devant de telles libéralités le comte Henri augmente celles qu'il a déjà faites lors de la fondation de l'abbaye. Le comte Jean, confirme non seulement ce qui a été donné par son père, mais il ajoute de nouvelles donations. Il donne aux religieux tous ses prés qui sont entre Foucarmont et Favencourt, le moulin de *Lencesla* ou de *l'Enclos* (1), ses bois de Baril-Essarts ou Essarts-Baril (Vieilles-Landes) et de la Nouvelle-Lande, plus la moitié de ses prés de Sept-Meules, le pâturage dans sa forêt pour les bestiaux des « bons moines » et tout ce qui est nécessaire pour leur bâtissage.

Nous terminons en citant sommairement les noms des bienfaiteurs qui habitaient les lieux circonvoisins ; Gilbert des Essarts, Jean de Villers, Richard et Guillaume de Fresnoy (en Val) Thomas de Bonnerue, Simon de la Vieux-Rue, Nicolas de Vatierville et son fils Robert, Richard, Raoul et Geoffroy de Fesques, Hélie de Clais, Jean de Wanchy, Robert de Pimont, Guidon d'Avesnes, Elye d'Aulage, Guillaume de Sausseusemare, Oylard d'Illois. etc. Arrêtons nous ici.

Notre *Avant-Propos* va prendre fin sur ces lieux où tant de dépouilles mortelles des comtes d'Eu et des membres de leur famille furent déposées.

Henri Ier comte d'Eu et le comte Jean, son fils prirent l'habit monastique en ce lieu, y moururent et furent inhumés dans le chœur de l'église abbatiale.

Leurs successeurs ne portèrent pas moins d'intérêt à l'abbaye de Foucarmont qui devint durant deux siècles leur lieu de sépulture pour eux et les membres de leur famille.

Nous rapportons ici les noms des princes et princesses de la famille des comtes d'Eu, inhumés dans l'abbaye de Foucarmont et dont nous avons pu recueillir les noms et la date de décès.

(1) Ce moulin plus tard désigné sous le nom de *Moulin de l'Abbaye*, existe encore.

Henri Ier comte d'Eu † 16 mars 1139.

Marguerite de Sully, sa femme † 1145.

Jean, comte d'Eu † 26 juin 1170.

Alix d'Aubigny, sa femme † 1154.

Henri II, comte d'Eu † 1183.

Mahaut ou Mathilde de Longueville, sa femme † 1207.

Raoul comte d'Eu, leur fils aîné † 1186.

Alix, comtesse d'Eu, leur fille, femme de Raoul Ier de Luzignan, comte d'Eu † 1227.

Jeanne de Criel, fille de Henri II et de Mahaut de Longueville sa femme et sœur de la comtesse Alix † 1255.

Jeanne de Bourgogne 1re femme de Raoul II, de Luzignan, comte d'Eu † 1240.

Raoul II, de Lusignan comte d'Eu † 1250.

Marie de Lusignan comtesse d'Eu, fille de Raoul II, comte d'Eu † 1260.

Jean Ier, de Brienne comte d'Eu (1) † 1294.

Jead II, de Brienne comte d'Eu † 1302.

Jeanne comtesse de Guines et d'Eu, sa femme † 1331.

Raoul Ier, de Brienne comte d'Eu, connétable de France † 1344.

(1) Jean Ier de Brienne comte d'Eu épousa Béatrix de Chastillon dite de Saint-Paul, dont parle Duchêne en son *Histoire de la maison de Chastillon*.

« Beatrix estoit tenue pour la plus belle femme qui fust en France, fort détant que elle avoit très grand sein. Et n'eust été ce on dit qu'elle eust esté femme du Roy Philippe le Biaux. Elle s'aima moult en la conté d'Eu, et feust moult de grands biens, et feust faire à Guerreville ung moult noble manoir.

Le dit Jean fust moult grand en cour le Biau roy Philippe et ayma moult l'église de Foucarmont. Luy et sa femme donnèrent à la dite église plusieurs privilèges et héritages et par spécial la ville de Fesques qu'il fist acheter et paya de ses propres deniers. Le dit Jean trépassa à Clairemont en Beauvoisis, et gist dedans le cueur au costé de sa mère, et laissa grant foison de deniers à l'église dessus dite et ailleurs.

Jean, leur fils mourut à la bataille de Courtray (1302) et deux ans ensuite, Beatrix alla demourer en l'abbaye de Cercamps, et s'y feist enfouyr avec ses antecesseurs.

# LA FAMILLE

## DE

# DEVILLE

---

BIEN que l'histoire de cette localité ne semble commencer qu'avec la famille qui porta son nom, des pièces probantes font connaitre que ce lieu a été habité à une époque très reculée.

En 1867 la section de Déville vendit une portion de la côte du Bardimont ou Bardemont, pour le produit de cette vente servir à la construction du pont établi sur le chemin de grande communication

Cette partie de côte ayant été livrée à la culture durant plusieurs années, en labourant on trouva quelques hachettes en pierre polie et divers autres silex taillés. Pareille trouvaille a également été faite dans la partie du Bardemont vers Maurepas.

Dans la terre au dessus des prés, en face du marais d'Ecotigny, nous avons recueilli des morceaux de tuiles romaines, et la charrue a mis à nu des restes de murailles de la même époque.

On a aussi recueilli en ce lieu quelques morceaux de vases gallo-romains.

Mais arrivons à parler de la famille de *Déville*, honorée d'une marque particulière de confiance par les comtes d'Eu qui l'avaient en grande estime.

Plusieurs membres de cette famille furent pris comme témoins par ces mêmes comtes, dans un grand nombre de leurs actes de pieuse générosité envers les diverses abbayes du comté d'Eu, dont eux mêmes furent également les bienfaiteurs.

Le premier dont il soit fait mention est Gautier à la Barbe de Déville, qui avec Geoffroy de Bailleul, fut l'un des témoins de l'acte de fondation de l'abbaye du Tréport, par Robert, comte d'Eu (1036).

Le nom de Gautier à la Barbe, est écrit au bas de cette charte à la suite de celui du pieux bienfaiteur et de ceux de la comtesse Béatrix, sa femme et de leurs fils Raoul, Guillaume et Robert.

Gautier fut non seulement le témoin de la libéralité du comte Robert, mais il tint à être compté au nombre des bienfaiteurs de cette même abbaye à laquelle, du consentement de sa femme et de celui de ses fils, il donna pour le repos de son âme, celle des siens et de ses antécesseurs deux gerbes de dîme à prendre sur son fief, près Monchaux.

Lorsque Guillaume II, comte d'Eu, donna vers 1092 à l'abbaye du Tréport 140 arpens de terre à prendre sur le Mont-Aqueux en échange de Gomare (1) et de Lignemare, le comte déposa son don sur l'autel de l'église Saint-Michel du Tréport, en présence de plusieurs de ses barons ; Geoffroy de Saint-Martin, Raoul de Grandcourt, *Gautier de Déville*, Oilard de Cuverville, Ansel de Fréauville et de plusieurs seigneurs de sa cour, parmi lesquels Alurède de la Leuqueue, Bérenger d'Aulnoy, etc., etc.

En 1107, le même Gautier de Déville abandonne aux religieux

---

(1) Cette terre avait été donnée à l'abbaye par Guillaume de Gomare, en même temps que Robert de Berneval donnait au même monastère une rente de mille harengs saurs.

de l'abbaye de Saint-Michel du Tréport, pour le repos de son âme et celle de ses antécesseurs, les deux gâteaux (1) — *duas placias* — qu'ils lui servaient à certains jours de carême, comme aussi il renonce en faveur des dits religieux au repas — *pastum* — (2) qu'ils lui devaient à la fête de Saint-Michel. Témoins : Roger et Robert de Monchaux et Hugues de Pier-repont.

En 1120, Henri Ier, comte d'Eu, tenant à ratifier toutes les donations faites par son père et ses ancêtres à l'abbaye de Notre-Dame d'Eu, les confirme par une charte spéciale et en présence de Gilbert de Saint-Ouen, Edmond de Grandcourt, *Robert de Déville*, etc.

La fondation du prieuré de Saint-Martin-au-Bosc en 1106 par Henri Ier, comte d'Eu, avait été pour les seigneurs des alentours, l'occasion de nombreux dons aumonés à cette maison de prières.

Barthèlemy de Longroy avait donné deux jardins, deux

(1) DUCANGE d'après un texte des statuts du chapitre de Saint-Quentin, en Vermandois, donne à ce mot la signification d'une sorte de gâteau.

(2) Le mot *pastum* n'a pas la signification que par erreur nous lui avons attribué à la p. 38 de *l'Etude* sur *Saint-Martin-Gaillard*, mais veut dire *repas*.

On disait encore *past* pour banquet dû par les prélats au chapitre de Rouen à l'occasion du serment de fidélité qu'ils prêtaient à l'église métropolitaine — *Renseignement dû à l'obligeance de M. de Beaurepaire, archiviste en chef de la Seine-Inférieure.*

Dom *Coquelin*, en son « Hist., de l'abb., du Tréport », parle de plusieurs seigneurs, qui, à la suite des donations faites à la dite abbaye, avaient retenu de prendre leur repas à la Saint Michel et même à diverses fêtes de l'année, « ce qui laissoit pas que de luy (abbaye) estre à charge ».

« Cet auteur cite Drogon du Mesnil et sa femme Gersende, qui fort volon-« tiers et de grand cœur et en présence de Henri Ier comte d'Eu, d'Osberne, « abbé et de Ansel de Fréauville son frère, quittèrent ce droit qu'ils s'estoient « réservé pour eux et pour leur suite, aux jours de Saint Michel, Noël, Pasques « et Pentecoste ».

Le comte Henri fut non seulement témoin de cet acte de renonciation, mais lui même « remit très volontiers la coutume qu'il avoit le jour de Saint-« Michel, la comtesse et tous ses domestiques, de prendre *son repas* dans la « dite abbaye, aux dépens des religieux ».

acres de terre, et autant de prés situés près Gousseauville, Drouard du Mesnil, la dîme de *Grimost-Mara* (Gromare), un jardin et une acre de terre près Maisnière, Robert, dapifer, la dîme des revenus des hostes que les moines de Saint-Martin-au-Bosc possédaient déjà dans le village de Saint-Pierre-en-Val, Raoul de Melleville une acre de terre près de Guerville et un hoste avec ses revenus ; Odelin, toute la terre qu'il possédait près la Babeau (de Saint-Pierre).

Vers 1150 Henri II approuve ces diverses donations, en présence de Guillaume Strabon, *Robert de Déville*, Gilbert de Saint-Ouen.

A ce sujet, il dit dans une charte qui fait partie du cartulaire de Saint-Martin-au-Bosc :

. . . . Et ces dons, moi Henri comte d'Eu, je les confirme et les ratifie par la présente charte. Je les garantis à Dieu et à Saint-Martin-au-Bosc, en libre et perpétuelle aumône. Et pour que cette mienne donation ou confirmation demeure à jamais inattaquable je la corrobore de l'apposition de mon sceau.

Le même comte Henri II, dans une charte de 1179 confirme à l'abbaye du Tréport toutes les donations faites à ce monastère par ses prédécesseurs Robert et Guillaume, comtes d'Eu, ainsi que par Henri Ier son aïeul et Jean son père, et prend à témoin de cette confirmation : Thomas de Brienchon, Robert de Saint-Pierre, dapifer, *Robert de Déville*, Vautier de Foucarmont, Vautier du Mesnil-Allart, Richard de Douvrend, etc., etc.

Jean de Déville, fils de Robert ne fut pas envers l'abbaye du Tréport le moins généreux des membres de sa famille, ainsi que nous l'apprend la charte suivante qu'il accorda à ce monastère en 1203 :

Sachent présents et futurs que moi Jehan de Déville, pour le salut de mon âme, de mes ancêtres et de mon épouse, j'ai donné à Dieu et à l'église Saint-Michel du Tréport, tout mon pré de Flamanville, libre et de tout repos, en perpétuelle aumône, en présence et du consentement du comte d'Eu.

Cette donation je l'ai confirmée par l'apposition de mon sceau et déposée de mes propres mains sur l'autel (1). Témoins : Thomas de Brienchon, Vautier de Saint-Martin, Enguerand de Fressenneville et Guillaume Strabon. Cette donation a été faite en présence d'Arthur, alors abbé ; de Raoul, prieur ; de Richard de Sotteville, Beaudoin, Jean et Girard, moines.

(1) Aux IXe, Xe, XIe, XIIe et même XIIIe siècles, l'ignorance était telle que les chartes pour la plupart ne sont pas revêtues de la signature de ceux qui les ont octroyées.

Non seulement que les laïcs ne savaient pas signer, mais il en était de même pour un grand nombre de personne de condition. Les moines mêmes ne savaient pas toujours écrire leur nom au bas des chartes qui leur étaient accordées. M. Deville — *Recueil des Documents inédits sur l'Histoire de France* — cite une charte de Guillaume-le-Conquérant accordée en 1069 à l'abbaye de Sainte-Catherine portant « la croix du Roi, celle de Mathilde sa femme et celles de plusieurs évêques et seigneurs ».

Pour la validité de ces chartes, la présence des témoins suffisait. Puis vint chez les personnes nobles l'usage d'apposer leur sceau.

Les personnes de moindre condition et chez le peuple, on recourait aux monogrammes et aux serments multipliés à l'excès.

Il n'était pas jusqu'aux personnes de qualité qui pour attester les actes les concernant, n'aient recours aux signes symboliques dont on voit encore de nombreux exemples sur les actes de l'état civil des XVIIe et XVIIIe siècles, par la reproduction de divers objets servant au métier de l'intéressé : hache, truelle, maillet, fourche, etc.

La charte de Guillaume-*le-Conquérant* dont nous parlons plus haut porte pour marque symbolique : un petit couteau.

Il était aussi de tradition qu'un fétu ou paille ou un petit bâton attaché par une lanière de cuir en tête de l'acte était une marque symbolique de propriété et de possession d'héritage.

Une charte de Richard, comte d'Evreux, en faveur de l'abbaye de Jumièges de l'an 1038, déposée au musée des antiquités de Rouen est accompagnée d'un petit morceau de bois attaché en tête par deux petites bandes de cuir. — BARABÉ, *Rech., hist., sur le tabellionnage royal, principal., en Normandie.*

Ce même auteur rapporte qu'au XIIIe siècle, la tradition d'un héritage donné ou vendu s'opérait *per chirotecas, au moyen de gants* donnés ou constitués en rente et parle à ce sujet d'une charte de 1227, relative à l'acquisition de l'hôtel des Templiers, à Rouen.

L'usage *du dépôt fait sur l'autel,* remonte au IXe siècle.

Nous avons cité dans nos *Études locales,* de nombreux exemples de ces divers usages.

En 1207, Robert de Déville, chevalier, du consentement de sa femme, aumôna à l'abbaye de Sery, un revenu annuel de 30 sols de monnaie courante à prendre sur son moulin de Déville, témoins : Jean de Monchaux, chevalier et Osbert curé de Déville.

Des liens de parenté n'étaient pas étrangers à l'intérêt que Robert de Déville portait à l'abbaye de Sery. Il avait épousé Aëlis, sœur de Jean de Monchaux, l'un des témoins de l'acte de libéralité dont nous venons de parler.

Aëlis de Monchaux, était fille de Raoul de Monchaux, qui à la suite de la mort d'Agnès, sa femme et de Guillaume son fils aîné, se fit moine à l'abbaye de Sery.

En prenant l'habit monastique (1183) Raoul, du consentement de son fils puîné Jean, donna au dit monastère 20 sols de rente à prendre sur son moulin de Monchaux.

Doué d'une rare vertu et de grandes qualités personnelles Raoul de Monchaux fut d'abord prieur de la dite abbaye, puis il en devint abbé — 1202 à 1205.

En perdant celui qui fut son père avant d'entrer dans la vie monastique, Aëlis rencontra dans Guillaume de Monchaux, son frère qui alors était prieur de Sery, pour aussi en devenir plus tard abbé — 1211 à 1212 — un guide certain pour sa pieuse libéralité.

En 1209, Dom Guillaume fit admettre sa sœur à la confraternité de prière par les religieux de l'abbaye.

En mémoire de cette admission et d'un anniversaire qui lui fut accordé, la femme de Robert le Déville donna à la dite abbaye deux hostes qu'elle avait à Bordeville ? avec les droits de cens et d'hommage que ces deux hostes lui devaient.

Parmi les chevaliers « de la baillie de Roen » devant service au Roi en 1271. LAROQUE. — *Traité du ban et de l'arrière ban* — cite Henri de Déville qui devait 40 jours et se fit remplacer par Guillaume de la Pierre.

# LA BARONNIE

**D**ÉVILLE était une des huit baronnies dépendantes du comté d'Eu.

Nous avons vu par une charte de Guillaume II, comte d'Eu (v. p. 2) que le seigneur de Deville figurait parmi les barons du comté. Mais si ce titre appartint aux premiers membres de la famille de *Déville*, les comtes d'Eu s'en réservèrent toujours les profits féodaux et prérogatives et recevaient l'aveu des possesseurs de fiefs ou parties de fief de la baronnie de Déville, aussi dans la suite ce titre n'appartint plus à d'autres.

« Le 10 Décembre 1494 à l'issue des messes de Déville et « de Folny (1) le moulin de Déville appartenant à Mgr Robert « de Clèves comte d'Eu a été adjugé à N. Mynot moyennant « 25 livres tournois de rente annuelle et la moitié des forfai- « tures ».

Au siècle suivant « le 23 may 1619 » un différend s'élevait entre Pierre de Malevende seigneur de la Pierre et Jacques le

(1) La publication des actes publics à *oye* (ouïe) heure et issue de la messe et en présence des paroissiens, existait encore à la fin du xvIIIᵉ siècle. Les actes de l'Etat-civil de cette époque en font souvent mention.

Sénéchal, seigneur de Fumechon au sujet d'une « *étanche* (1) faite dans la rivière de Desville » par Pierre de Malevende.

Jacques Le Sénéchal se plaignait que cette étanche causait préjudice au moulin de Déville, dont il était le fieffataire.

En 1653, René de Bezu, seigneur de Saint-Julien était en « bonne possession du moulin à bled de Desville au droit du seigneur comte d'Eu » et se plaignait également de l'étanche qui existait toujours.

Sept fiefs ou parties de fief et vavassorie faisaient partie de la baronnie de Déville : le *Bardemont* plein fief de haubert (2), *Auberville-sur-Yères*, la *Berquerie*, le *Boquestan, Folny, Lannoy*, qui n'étaient que 1/4 de fief et *Inerville*, vavassorie.

Le manoir seigneurial était édifié sur le fief de *Bardemont* dit aussi *Bardemont-en-Desville*. On suit encore en partie les contours des anciens fossés et quelques restes de murailles indiquent où etait la pauvre petite église édifiée près du château.

---

(1) Sorte de barrage qui consistait en un arbre jeté par le travers de la rivière et de gros pieux s'appuyant sur l'arbre ; et au devant desquels on mettait des branches et de l'herbe, afin de faire refluer l'eau pour servir à l'irrigation.

L'usage des étanches s'est continué jusqu'après le milieu du XIXe siècle. Il y en avait encore à cette époque dans les vallées de l'Eaulne, de l'Yères et de la Bresle. Mais la loi sur les irrigations, si vexatoire pour les propriétaires de prairies, si préjudiciable au rendement de celles-ci, loi que nous avons été à même d'apprécier depuis plus de vingt-cinq ans que nous sommes membre et secrétaire du syndicat de l'Yères leur a porté un rude coup.

Le Boulonnais possède encore de nombreuses *étanches* sur ses cours d'eau.

(2) Le fief de Haubert a pris son nom du *Haubert*, sorte de jaque ou cotte de mailles particulière aux chevaliers. Le possesseur d'un fief devait en être muni pour servir le roi à la guerre.

Celui qui possédait plein fief de Haubert devait servir au ban et arrière ban *par pleines armes* c'est-à-dire *par le cheval, par l'écu, par l'espée et par le heaume.*

L'importance attachée à ce fief était telle que bien qu'il soit considéré comme *impartable et individuel*, il pouvait néanmoins quand il n'y avait que des filles (à défaut de frère) être divisé jusqu'à huit parties *dont chacune*, avait droit de cour, usage, juridiction et gage — plège. Divisé en plus il perdait toute nature et dignité de fief (BARABÉ. *ouv., cité*).

En 1664 ce manoir « consistoit en chateav avtrefois entovrez de fossez pleins d'eav et avtres batiments, jardins potagers et frvitiers. En ovtre le movlin, plvs le droit de chasse et de pesches, plvs 8 acres et demye de bois ».

En 1665 S. A. Mademoiselle fait don à René de Bézu, écuyer, seigneur de Saint-Julien et de Bardemont, ancien capitaine au régiment de Bretagne, de 50 perches de terre vague faisant partie du domaine non fieffé de la baronnie et sise devant le manoir seigneurial.

En outre cette princesse fait union au dit fief de plusieurs droits et héritages à la charge totale de 120 livres de rente annuelle.

Le fief de Bardemont était le glèbe du patronage des deux portions de cure de Saint-Vaast de Déville.

Le 16 décembre 1704 ce fief avec ses droits et prérogatives a été adjugé à Marguerite Leroy, épouse de Charles de Brossard, à la charge de 120 livres de rente annuelle à payer à la recette générale du comté d'Eu.

*Auberville-sur-Yères.* — Voir *Etude sur Saint-Martin-Gaillard*, p., 57 et suiv.

*La Berquerie.* — Ce fief s'étendait sur le dit lieu de la Berquerie, Monchy, Mesnil-Reaune et Baromesnil, son revenu consistait principalement en rentes, deniers, grains, œufs et volailles.

En 1769 J.-B. Pierre de Batailles, chevalier, était seigneur d'Omonville et *la Berquerie.*

*Le Boquestan.* — Ce fief assis à Folny appartenait en 1502 à Jean de Pimont, puis à François son fils et était tenu à 7 livres 10 sols de rente seigneuriale.

Nicolas de Pimont, seigneur de Pimont et de Montigny, fils de François, vendit ce fief le 27 décembre 1532 à Adrien de Saint-Ouen, seigneur de Folny, Humesnil, etc.

En 1787, Charles-Amédé-Gabriel de Brossard, était seigneur de Folny, Gruchet, *Boquestan*, Lannoy, etc.

*Folny.* — Robert de Saint-Ouen, fils puiné de Guyon et de Béatrix de Montigny ayant en 1350 épousé Laurence de Caudecoste qui lui apporta en mariage les terres de *Folny* et de Caudecoste, forma la branche des *seigneurs de Folny et de Humesnil.* La terre de *Folny* resta dans la maison de Saint-Ouen jusqu'en 1710, époque où François-Claude de Saint-Ouen, chevalier, vicomte de Guerville, seigneur de Boquestan, Folny, etc., vendit la vicomté de Guerville (1) et la terre de *Folny* à Paul Carpentier receveur des tailles, pour le prix de 64.000 livres.

La famille de *Saint-Ouen* prend son nom de la terre de « *Saint-Ouen-Soubz-Bailly*, plein fief de Haubert ».

Suivant un titre de l'abbaye de Valmont, cette famille était *de grand lignage et de grande ancesserie.*

Le premier dont nous avons à citer le nom est Gilbert de Saint-Ouen, nommé juge lai dans un procès que l'abbaye de Fécamp eut à soutenir en 1104 contre Philippe de Bray.

Le cartulaire de l'abbaye de Foucarmont cite au nombre des bienfaiteurs de ce monastère, Gilbert de Saint-Ouen qui en 1202 et en présence de son fils aussi nommé Gilbert, de Robert d'Envermeu, prieur de Foucarmont et de Robert de Douvrend, moine au dit, lieu donna en pure et perpétuelle aumone et pour le salut de son âme et de ses antecesseurs, une masure sise à Guillemécourt, libre de toute coutume et exactions religieuses, et d'un revenu annuel de 7 sols.

La libéralité de Gilbert de Saint-Ouen, excite la pieuse générosité des seigneurs voisins.

Gilbert d'Envermeu, du consentement de son frère Geoffroy, donne 10 sols de revenu annuel à prendre sur le moulin d'Enmeu, Simon de Guillemécourt, du consentement de son frère Geoffroy et de ses sœurs, aumone la masure du fils de Guillaume

---

(1) Il ne s'agit pas ici d'une terre ayant titre de noblesse au dessous de comte et au-dessus de baron, mais de l'étendue d'une juridiction destinée à connaître certains cas particuliers devant être soumis à une personne hiérarchiquement plus élevée que le vicomte, comme aussi de la ferme de certains droits dits *de vicomté* : tels que ceux de jauge, de guet et de prévôté. Ces droits ainsi dénommés étaient perçus dans les vicomté de Tréport, Eu, Criel, Foucarmont, Sept-Meules, etc.

Norbert et six acres de terre absolument libres de toute
redevance.

Gautier de Saint-Aignan donne la culture de 20 acres de
terre sises à Touffrecales et une acre à Puisenval, du consentement d'Enguerand d'Avesnes et de Gauthier de Grandcourt,
abandonne en pure et perpétuelle aumône la moitié de la
mouture de la culture des dites 20 acres, qui lui apparte-
naient et toute la mouture de deux autres acres.

En outre des terres de *Folny* et de Humesnil, la famille de
Saint-Ouen en possédait encore d'autres dans cette même
contrée.

Nicolas de Saint-Ouen qui fut maire de la ville en 1482 était
seigneur de Melleville et Jean de Saint-Ouen était aussi seigneur de Croixdalle en 1505.

Divers membres de cette ancienne maison portèrent un
intérêt particulier à la décoration des édifices religieux du
comté d'Eu et de ses environs. Plusieurs églises de cette
contrée possèdent encore de beaux sujets de sculpture.

Dans le chœur de l'église de Folny, on remarque un beau
bas-relief représentant divers actes de la vie de Sainte-Barbe
et le martyre de cette Sainte, ce bas-relief date de 1514 et a
été fait du temps d'Adrien de Saint-Ouen, seigneur de Dampierre, *Folny*, Humesnil, etc., fils de Guillaume, seigneur de
Folny, Humesnil, Caudecôte, etc. Le dit Adrien avait pour
mère : Blanche de Saint-Ouen, pour aïeule Jeanne du Mesnil,
pour bisaïeule Blanche du Quesnay, pour *suselle* (trisaïeule)
Jeanne de la Haye, bru de Robert de Saint-Ouen cité plus
haut.

Adrien prit pour femme Anne de Licques qu'il épousa en
1526. De cette union vint entre autres enfants : François de
Saint-Ouen, premier du nom, écuyer, seigneur de Humesnil,
*Folny*, Boquestan, Lannoy, Gruchet, Inerville, Pierrecourt,
etc., marié à Jeanne de Manneville, fille de Nicolas, seigneur
de Baromesnil.

Nous rapportons ici quelques détails de la vie de Sainte
Barbe, détails dont l'artiste s'est inspiré pour son œuvre, qu'il

a exécutée non de face comme cela a ordinairement lieu, mais en retour d'équerre.

Barbe était fille d'un riche seigneur payen de Nicodémie, du nom de Dioscore. Elle avait embrassé la religion chrétienne.

Obligé à une longue absence par suite d'un grand voyage qu'il avait à faire, Dioscore éprouvait une grande inquiétude au sujet des dispositions de sa fille surtout à cause de sa nouvelle religion, mais aussi par rapport à sa grande beauté, ainsi qu'à sa position personnelle. Il craignait que sa fille profita de son absence pour faire choix d'un époux qui ne lui conviendrait pas. Sous le coup de ces facheuses impressions il fit enfermer Barbe dans une tour dont elle ne devait sortir qu'à sa rentrée.

Son voyage accompli, ce père dénaturé vint voir la pauvre recluse. Celle-ci lui donna de telles preuves d'attachement à la religion chrétienne qu'il entra en grande colère.

Barbe s'étant enfui dans les montagnes des environs, son père se mit à sa poursuite et sur l'indication d'un berger la rejoignit. Alors sa fureur ne connut plus de bornes, et après s'être emporté en des actes d'une brutalité inouie, ce tyran traina sa fille par les cheveux jusque dans une petite maison qui était près de là. Ensuite il la livra aux juges qui condamnèrent la jeune chrétienne au martyr le plus cruel : on lui arracha les seins avec des ongles de fer et son corps fut percé de pointes de feu.

Mais revenons au bas-relief que nous avons fait reproduire en gravure (v. pl. I ).

Dans cette œuvre charmante, l'artiste a su représenter un village, un donjon, des tourelles, un homme d'armes, un berger, son chien et ses moutons, ainsi que sa gibecière accrochée à une branche d'arbre. Ensuite quelques personnages en prière et dans le lointain un moulin à vent.

En haut de ce bas-relief, on lit :

*Glorievse sainte Barbe P. M. E. . rache MV° XIIII (1514)*

Il est peu de famille ayant laissé d'aussi nombreuses marques

GLORIEVSE:SAINCTE: b...bE:p:M

E:A RAChE: M·V·xe ...XIIII

BAS-RELIEF DE SAINTE BARBE
(*Église de Foiny*)

de leur libéralité envers les églises de notre contrée et en autant d'endroits différents que celle de *Saint-Ouen*.

L'église de Saint-Ouen-sous-Bailly — lieu qui fut le berceau de cette antique famille — possède encore un saint sépulcre, un des plus beaux du haut de la Seine-Inférieure et qui fut élevé par l'un des Saint-Ouen dont il porte les armes.

On lit sur ce sépulcre qui est de la fin du XIVᵉ siècle : FI.. JEHA.. DE S. OVEN MADAM.. AD . . ES DE GOVVYS:... LA.. FIM... Au bas de cette légende sont trois écussons. Le premier est de SAINT-OUEN : *d'azur au sautoir d'argent accompagné de quatre aiglettes au vol abaissé du même*. Le deuxième de GOUVIS: *de vair plein*. Le troisième dont nous ne connaissons pas le nom de famille à laquelle ces armes appartiennent porte : *de à trois poissons de posés de fasce.*

Dans l'église d'Avesnes qui date de la fin du XVᵉ siècle ou du commencement du XVIᵉ, on voit aussi les armes des Saint-Ouen qui sont sur un pendantif de la chapelle Saint-Nicolas.

Suivant l'ordre des temps ces armes sont celles de Adrien de Saint-Ouen, seigneur de Folny, Caude-Coste, etc., qui aura prit une part active à la construction de cette chapelle, s'il ne l'a pas fait faire en entier.

Ce qui explique la générosité d'Adrien de Saint-Ouen pour la paroisse d'Avesnes, c'est que suivant l'abbé Cochet, — *Eglises rurales de l'arrondissement de Dieppe* — Caude-Coste ou plutôt Villy-le-Haut (qui était le nom de la paroisse de ce lieu aux siècles passés) ne possédait pas d'église au XIIᵉ siècle et que celle qui existe aujourd'hui en ce dit lieu (faisant aujourd'hui partie de la commune d'Avesnes) n'a été construite qu'au XVIᵉ siècle. Alors Adrien se considérant par rapport à sa terre de Caude-Coste — quoi qu'il eut sa demeure seigneuriale à Folny — comme paroissien d'Avesnes, contribua activement à la construction de l'église de cette paroisse.

Citons encore de cette famille un beau bas-relief qui est dans l'église Notre-Dame d'Eu.

Ce bas-relief preuve évidente de la munificence des Saint-Ouen et leur goût pour les arts décoratifs a été élevé à la mémoire de Nicolas de Saint-Ouen, seigneur de Melleville maire de la ville d'Eu décédé en 1504.

Le centre de ce bas-relief malheureusement mutilé à la. Révolution du siècle dernier, est occupé par divers person- nages, principalement la sainte Vierge tenant sur ses genoux le Christ mort,et près d'elle, Saint Jean et la Madeleine. Nicolas. de Melleville est là à genoux sur un prie-Dieu, et revêtu de sa longue robe de magistrat municipal. Derrière lui est un ange protecteur foulant à ses pieds le diable renversé, et du côté opposé on voit l'écu des Saint-Ouen suspendu à un arbre.

Terminons par une statue équestre de Saint Martin placée dans la muraille de l'église de Melleville; et qui est du temps. de Nicolas de Saint-Ouen dont nous venons de parler.

Le patronage de l'église de Folny appartint d'abord au comte d'Eu comme baron de Déville, celui-ci se réserva les honneurs et prérogatives de cette baronnie.

C'est ainsi que suivant le *Polyptycum Rothom.diocesis* publié dans le tom. 23 des *Hist., des Gaules*, il présenta vers 1240, comme curé de Folny, Hugues, qui fut reçu par l'archevêque Pierre de Colmieu.

Cette cure valait alors XX liv., et comptait XXVI I paroissiens.

Dans la suite ce patronage appartint au seigneur du lieu,ce qui lui donna le droit de litre (1) et aussi celui de mettre ses armoiries sur telle partie de l'édifice qu'il faisait faire. C'est ainsi que l'on voit un écusson (bien mutilé) aux armes de *Saint-Ouen*, au-dessus de la porte latérale qui existait dans la muraille de la nef côté nord, et du même côté sur cette muraille une litre aux armes de *Brossard* ayant pour supports *deux sauvages*.

Nous revenons aux autres fiefs de la baronnie de Déville.

(1) Droit qu'avaient les seigneurs-patrons et les seigneurs haut-justiciers de faire peindre leurs armoiries au dedans et au dehors des églises ou des chapelles sur une large ceinture ou bande noire qui entourait l'édifice ce qui avait lieu par leurs héritiers au moment de la mort des titulaires.　　　(2)

le Seneschal. Par ce mariage Inerville aurait passé dans cette dernière famille. Encore ne l'aurait-elle possédée que peu de temps puisqu'en 1551, François de Saint-Ouen premier du nom était seigneur de Folny, Humesnil, Boquestan, Lannoy, Gruchet, *Inerville*, Pierrecourt, etc.

*Lannoy*. — Le 7 juillet 1523, Guyonne de Moucy veuve de Richard Le Sage, en son vivant seigneur de Parfondeval, vend ce fief à Nicolas de Moucy, son neveu.

Le 27 janvier 1553, François de Saint-Ouen, achète ce même fief de Jean de Neuville.

# ÉGLISE
## ET
# PAROISSE

N OUS complétons autaut qu'il nous est possible, ce que nous avons rapporté sur cette paroisse, dans les *Cloches du Pays de Bray*, tom. II, pages 407 et *suiv*.

Déville possédait une église ayant deux portions de cure, chacune pourvue de son titulaire.

Les deux prêtres officiaient tous deux dans la même église (1).

Le premier curé de Déville dont nous puissions citer le nom est Osbert dont nous avons parlé plus haut (v. p. 6).

Vers 1228, Guillaume était présenté par le seigneur de Déville (peut être plutôt par le seigneur baron de Déville) et reçu par Thibaut archevêque de Rouen. Quelques années plus tard, le même seigneur présentait Pierre, acolyte qui était reçu par Pierre de Colmieu. La part de Guillaume valait xv liv., celle de Pierre XVIII.

Paroissiens XLV. Les curés avaient la cure indivise. Eudes

---

(1) Au moyen âge plusieurs églises des environs étaient également partagées en plusieurs portions. Nous citerons : Bures, Mesnières, Fréauville et Monchaux deux portions, Bailly-en-Rivière, trois ; Saint-Remy-en-Campagne, quatre.

Rigaut reçut pour une portion Robert, sur la présentation du seigneur de Lavardin ; et pour l'autre portion il reçu également Robert Gondouet sur la présentation de Jeanne, dame de Lavardin (1260-1272).

Guillaume de Flavacourt le successeur d'Eudes Rigaut, nomma Pierre Grand'Homme à une portion de la cure de Déville sur la présentation d'Odeline, dame de Lavardin (1).

Par lettres datées du château d'Eu du 22 juillet 1454, Charles d'Artois, comte d'Eu, présenta à l'archevêque : Jean Le Roy pour la seconde portion de la cure de Déville.

Nous ne saurions dire si la première portion était pourvue d'un titulaire ou si Jean Le Roy resta peu en exercice, mais deux ans plus tard (1456) Nicolas Le Lièvre était chargé du service de la paroisse de Déville, suivant un registre qui est aux *Archives départementales*.

Nicolas Lelièvre s'était rendu coupable de quelques négligences. En plus il n'avat pas célébré la messe le jour de l'Assomption en l'église de Déville, *ainsi qu'il le devait étant chargé du service de cette paroisse*. A cause de ces diverses négligences et de cette omission, ce prêtre fut condamné *à la prison et au pain sec et à l'eau. Mais en considération de son humilité et de sa pauvreté, il fut gracié le cinquième jour.*

Nous avons vu par ce qui précède, que l'église de ce lieu ne devait jouir que d'une aisance bien relative. Et cependant son maigre revenu ne fut pas sans exciter la convoitise du seigneur présentateur.

Nicolas Le Bret « prestre, bachelier en théologie » curé de Melieville ayant été chargé par l'archevêque d'une information concernant l'église de Déville — qui étoit en deport (2) — se rendit en cette paroisse le dimanche 15 juillet 1691.

Après « ample information près des principaux habitans »

(1) *Polyptycum Rothom. Diocesis.*

(2) Droit qu'avaient les évèques ou les seigneurs-présentateurs de prendre la première année du revenu des églises paroissiales qui vaquaient par décès — ce qui existait aussi pour un fief après la mort du possesseur.

il reconnut qu'en dehors des revenus et quêtes ordinaires, l'église ne jouissait que d'une rente de cent deux sols. « Encore cette rente étoit-elle chargée d'une messe ».

Moins de trente ans plus tard cette paroisse recevait une nouvelle visite. Mais disons de suite que c'est avec satisfaction que nous rapportons les détails concernant cette visite.

Le 1er juillet 1714, l'archevêque étant en tournée pastorale, remarque que « le graduel et *l'entiphonier* sont à relier, que les burettes de l'autel sont en étain ». Mais il voit avec satis-faction que les ornements pour *toutes les couleurs* sont propres et que dans les armoires de la sacristie il y a du linge *en quantité suffisante pour les besoins du culte* ».

Et quel est le montant total des revenus de la fabrique ? *quatre-vingt-dix-neuf livres douse sols.*

Sur cette somme la fabrique paie 24 livres à un clerc pour servir à l'église et tenir l'école des garçons, *n'y envoyant pas les filles.*

Ce qui précède nous permet de dire à ceux chargés du binage de nos annexes : *Voyes et méditez.* — Avec le binage — d'après l'esprit de la loi de 1816 *qui par son application à causé la ruine d'un plus grand nombre d'églises que la Révolution de 1793* (voir *Pays de Bray*, tom. 1. p .185 et suiv.) — avec le binage tel que le comprend l'esprit qui prime à notre époque, nous pouvons dire adieu à toutes nos églises d'annexes, à tous les cimetières qui les entourent.

Ne parlons plus de celles disparues comme les églises de Déville, de la Pierre, d'Ecotigny, de Saint-Remy-en-Rivière, et bientôt de celle de Pierrepont ; hélas ! elles ne sont plus ! Les cimetières qui les entouraient sont détruits et les cendres de ceux qui reposaient dans ces cimetières sont jetés au vent !!

Mais demandons à ces églises *mères* de ne plus être aussi marâtres, demandons leur que des églises d'annexes qui depuis six, huit et neuf cents ans, telles que celles de Saint-Ouen-sous-Bailly, Folny, Hesmy, Puisenval, Millebosc, etc., qui ont su résister à toutes les actions du Temps, ne succombent pas à cause de cette loi de 1816, dont l'esprit semble renier que ces deux mots : EGLISE et CIMETIÈRE ne résument pas ces deux autres : RELIGION et FAMILLE.

Ce qui précède n'est pas une digretion, ce qui suit ne doit pas non plus en être une.

Ce qui précède fera sans parti pris connaître à ceux venant après nous, une des causes principales de la disparition de ces églises où enfant, nous avons appris à aimer Dieu, à respecter la famille. Par des chiffres irréfutables ce qui suit, fera connaître ce qui était de l'instruction aux XVIIᵉ et XVIIIᵉ siècles dans le comté d'Eu et le pays de Bray.

Les recherches que nous avons faites et les documents mis bienveillamment à notre disposition par notre ami M. Fourcin, qui a bien voulu nous communiquer son *Recueil statistique et historique sur la commune de Sommery*, ouvrage manuscrit, mais que nous pouvons dire renfermer de très précieux renseignements sur cette partie du pays de Bray, dont Sommery est le centre, nous permet de compléter pour notre contrée ce que nous avons rapporté précédemment sur l'instruction publique au moyen âge, (v. p. 5).

## TABLEAU SYNOPTIQUE

CONSTATANT LE DEGRÉ D'INSTRUCTION DES ÉPOUX DES DEUX SEXES

D'APRÈS LEUR SIGNATURE AU BAS DE L'ACTE DE MARIAGE

DE 1641 à 1792

Commune de Déville — de 1641 à 1672 les actes de mariage ne sont signés que par le curé.

Commune de Grandcourt — de 1646 à 1672 les actes de mariage ne sont également signés que par le curé.

Ce n'est qu'après 1672, que dans les deux communes les actes de mariage sont signés ou portent le signe manuel des époux ou seulement de l'un d'eux. Cependant dans la commune de Déville il y a tant d'interruption dans l'apposition de la signature ou du signe manuel, que ce tableau ne peut être commencé qu'à partir de 1696.

| Noms des Communes | Années | Nombre d'hommes | | Nombre de femmes | |
|---|---|---|---|---|---|
| | | sachant signer | ne sachant pas signer | sachant signer | ne sachant pas signer |
| Grandcourt. | 1673 à 1702 | 14 | 32 | 6 | 40 |
| » | 1703 à 1792 | 37 | 20 | 13 | 44 |
| Déville. | 1696 à 1726 | 10 | 15 | 4 | 21 |
| » | 1763 à 1792 | 21 | 23 | 10 | 34 |
| Sommery. | 1701 à 1710 | 28 | 32 | 5 | 55 |
| » | 1711 à 1720 | 21 | 24 | 4 | 41 |
| » | 1780 à 1790 | 55 | 17 | 42 | 30 |

Dans ce tableau le nombre des personnes des deux sexes ayant signé leur acte de mariage peut être diminué d'un cinquième au moins, ce chiffre représentant celui des personnes ne sachant que *faire* leur nom.

La progression des signatures est néanmoins très prononcée à chaque période.

Pour Grandcourt, la période de 1673 à 1702, la signature des hommes n'atteint pas le tiers du total des actes de mariage tandis que pour la seconde période (1763 à 1792) ces mêmes signatures dépassent la moitié du total acquis.

Pour les femmes la progression est encore plus prononcée, puisque dans la première période le nombre des signatures n'est que du huitième, tandis que pour la seconde il dépasse le quart.

Il en est à peu près de même pour Déville et Sommery.

Divers renseignements recueillis dans les *Arch. de la fabrique* de Grandcourt, et aussi ceux que nous avons pu nous procurer près de quelques personnes (hélas de plus en plus rares) qui nous ont précédé dans cette commune, nous permettent d'ajouter quelques détails sur l'église de Déville et sur le presbytère de ce lieu.

Une enquête, prescrite par les fabriciens de Grandcourt fit

ressortir l'état d'abandon où étaient les églises de Déville, La Pierre, Ecotigny et Pierrepont.

A la suite de cette enquête faite par Fr. Ternisien, couvreur en tuiles à Monchaux ; J.-P. Lasnel, charpentier à Hesmy ; Cailleux, maçon à Grandcourt; « tous trois patentés » le presbytère de Déville et ses dépendances « compris la grande porte d'entrée, le tout couvert en chaume et le dit presbytère n'ayant été occupé par personne depuis longtemps est totalement en ruine » furent vendus le 2 octobre 1811 à quatre heures de relevée pour la somme de 208 francs.

Durant quelques années on ne s'occupa pas plus de l'entretien de ces églises que de leur disparition. Aussi devaient-elles être dans un bien triste état lorsque le 17 août 1827, la fabrique de Grandcourt fut autorisée à la vente de l'église de Déville « longue de dix mètres et large de neuf, avec ses murailles en cailloux et *viron* 5000 de tuiles, 1500 d'ardoises au clocher et une mauvaise charpente ».

La fabrique « après trois publications faites de huitaine en huitaine » fit procéder à cette vente par une mise à prix de 214 francs 50 centimes pour la maçonnerie et la couverture et de 160 francs pour la charpente, soit un total de 374 francs 50 centimes que la dite fabrique était autorisée « à employer pour l'achat de divers ornements nécessaires au culte ».

Le 5 octobre suivant, l'autorité compétente informait la fabrique que le dossier concernant cette vente — dont nous ne connaissons pas le produit — allait être régularisé à son profit.

# LA FAMILLE
# D'ÉCOTIGNY

ES cartulaires des abbayes et prieuré du comté d'Eu font mention de plusieurs membres de la famille *d'Ecotigny*, dont les noms sont rapportés dans les chartes accordées à ces divers monastères.

En 1149, le comte d'Eu, Jean I<sup>er</sup> ; confirme à l'abbaye de Tréport les diverses donations faites à ce monastère. Il prend à témoins : Robert d'Eu, Goscelin de Criel, Guillaume de Crenis, Fretel de Saint-Hilaire, *Enguerand d'Ecotigny et Raoul, son frère.*

Par une charte datée du 30 Juillet 1153, Jean I<sup>er</sup> comte d'Eu, accorde aux moines de l'abbaye de Saint-Michel du Tréport, le droit d'acheter et de vendre à Eu les choses qui leur sont néceseaires « sans payer aucun droit » et le fait en ces termes :

. . . . . C'est pourquoi afin de mériter et d'obtenir la vraie liberté et la couronne de la vie éternelle de Celui qui seul commande en tous lieux, pour l'âme de Mathilde ma sœur, de celle de mes parents et amis, je donne et concède à tous les serviteurs du Christ, moines, chanoines, réguliers et séculiers, prêtres et tous clercs de n'importe quel ordre et à leur propre famille — *et proprie familie sue* — le droit d'acheter et de vendre à Eu tout ce qui peut leur être nécessaire.

Cette donation est faite à l'instante prière de ma fille Marguerite et je la porte à la connaissance de tous tant présents que futurs.

Et pour donner plus d'autorité à cet acte le comte y appose son sceau en présence de Roger, abbé d'Eu, Fulcron, abbé de Tréport, Adam, abbé de Foucarmont, et de ses barons et seigneurs : Henri de Cuverville, *Engucand d'Ecotigny*, Richard de Fressenneville, Hugues d'Eu, Guillaume de Crenis, Guillaume de VII Meules, etc.

Nous continuons à citer les actes de libéralité de Jean Ier. Parmi les témoins de sa munificence le comte d'Eu prend toujours un membre de la famille *d'Ecotigny*.

La même année 1153, Jean Ier confirme à l'abbaye du Tréport la donation de *la haye de Villy*( v.not., *Saint-Martin-Gaillard* p. 80) que lui a faite Gosselin de Criel, après l'avoir acquise de Guillaume Trenchefoil. Non seulement qu'il donne son consentement à cette donation, mais le comte d'Eu augmente l'étendue de la dite haye en accordant la partie de la forêt « qui s'étend jusqu'au vallon du Val-du-Roy, en retour de quoi Goscelin lui donne un cheval ».

En outre, le dit comte abandonne à l'abbaye l'hommage et le service que Guillaume Trenchefoil lui devait pour ce bois et pour la terre de Blanques. Témoins : Roger de Fréauville et Roger son fils, Geoffroy, connétable, *Enguerand d'Ecotigny*, Geoffroy de Guilmécourt, Robert de Criel, Eustache d'Airaines, Fretel de Saint-Hilaire, Guillaume de VII Meules, etc.

Deux ans plus tôt (1151) le même comte Jean Ier, avait donné le prieuré d'Hasting à l'abbaye de Tréport. Cette charte de donation porte comme témoins les noms de : Goscelin de Criel, Guillaume de Crenis, Etienne de la Pierre, Henri de Cuverville, *Raoul d'Ecotigny*.

La même année 1151, le comte Jean Ier donna aux moines de Sery un prés touchant à la rivière et sis au dessous du moulin des dits religieux ; et confirma les diverses donations que la comtesse Marguerite sa mère avait faites à l'abbaye de Sery, entr'autres le bois mort de sa forêt. Témoins : Regnaud de Saint-Léger, Enguerand de Fressenneville, *Raoul d'Ecotigny*, Ancel de Biencourt, Guillaume de Morival, etc.

Après avoir échangé avec l'abbaye de Tréport le moulin de Mesniel qu'elle possédait, le comte Jean donne le dit moulin à l'abbaye de Foucarmont ; et ajoute à ce don divers droits qu'il accorde aux moines de Foucarmont au sujet de la fabrication de la bière à Eu. Le dit comte fait ces diverses donations en présence de Robert de Saint-Pierre, Renaud de Gerponville, *Raoul d'Ecotigny*, Guillaume de VII Meules, Renaud de Saint-Léger, Robert de Puchervin et Raoul son fils.

Dans une charte (sans date) de (1181 à 1183) Guillaume II, abbé de Tréport, confirme à Gilbert le Mire, de Foucarmont, la donation d'un immeuble sis à Flamenville, que lui avait faite Toustain (1) aussi abbé de Tréport et l'un des prédécesseurs du dit Guillaume.

Cet acte de confirmation a lieu en présence de Geoffroy d'Eu, Godard de Grandcourt, *Vautier d'Ecotigny*. Robert de Saint-Pierre, Guillaume Strabon (2), Thomas de Brienchon, Barthélemy et Jean ses frères, Gilbert de Saint-Ouen, Robert de Mesniel, etc.

Jean d'Eu et son frère le comte Henri II, firent de grandes donations à l'abbaye de Pont-Robert (Angleterre) où le dit Jean fut enterré. Cette abbaye avait été fondée en 1176 par Alurède de Saint-Martin nommé (dans le *dict.*, *des Abbayes*, de l'abbé Migne) l'un des familiers du roi Henri II.

(1) Le nom de cet abbé ne figure pas sur la liste des abbés de Tréport donnée par Dom Coquelin, mais il est cité dans *Gallia Christ.* p. 248 et *suiv*.

(2) Issu de l'ancienne maison de la *Chaussée d'Eu* dont plusieurs membres ont porté le surnom de *Strabon* — qui pour ceux ayant à écrire les chartes est souvent employé comme nom de famille, toutefois précédé d'un prénom — Guillaume de la Chaussée d'Eu dit *Strabon*, mentionné ci-dessus sous le nom de *Guillaume Strabon*, était fils d'Hugues de la Chaussée d'Eu, chevalier,

vicomte héréditaire d'Eu † en 1151 ; et qui en 1138 avait donné un terrain pour la construction du prieuré de la Trinité d'Eu.

Cette famille, une des principales du comté d'Eu s'est éteinte à la fin du XVIII<sup>e</sup> siècle, en la personne d'Antoine de la Chaussée d'Eu, vicomte héréditaire d'Eu, seigneur de la Chaussée, Arrest et Cartigny, colonel d'un régiment de Milices.

Dans les chartes des cartulaires de Tréport, de Foucarmont et de N.-D. d'Eu, les membres de cette famille sont indifféremment mentionnés sous les noms d'*Eu, de la Chaussée d'Eu* ou *de Strabon*. Nous les citerons comme ils sont indiqués. En 1169 ou 1170 Henri II, comte d'Eu, donne à l'abbaye de Tréport la moulte perçue par lui à Grandcourt. Témoins : Thomas de Brienchon, *Guillaume Strabon*, Richard de Pierrecourt, Enguerand de Fressenneville, Guidon de Bouvaincourt.

Le même comte Henri II, après avoir acheté à Guidon de Fallencourt la part que celui-ci avait reçu dans le lignage d'Eu, du comte Jean, père du dit Henri II, celui-ci donne aux moines de Foucarmont tout ce qui est de ce lignage (ª) — qu'il donne pour acheter le luminaire — *luminare* — à la Purification; et le vin pour la messe, ainsi que des poissons pour le repas des frères le jour de son anniversaire. Le comte Henri en excepte « 10 livres à l'abbaye de Tréport et 50 sols à l'abbaye d'Eu, le tout de la monnaie d'Abbeville ». Et le donateur ajoute : « En plus, je donne à la dite abbaye (Foucarmont) deux acres de terre pour faire un pré à Varimpré et cinq acres au Bosquet (de Retonval) Henri prend à témoins de sa libéralité : Geoffroy, sénéchal, Thomas de Brienchon, *Guillaume Strabon*, Guidon d'Avesnes, Gautier de Foucarmont, Raoul de Barques.

Guillaume Strabon n'est pas seulement témoin des libéralités de son prince, il prend aussi part à ses bienfaits.

. Nous citons à ce sujet une charte de l'an 1179 :

« Sachent présents et futurs que moi Guillaume Strabon ai donné et concédé à Dieu, à l'église Saint-Michel du Tréport et aux moines y servant Dieu et en pure et perpétuelle aumône, tout ce qui m'appartient en revenu des deniers du sel que Eudes fils d'Himeri me rend lui-même. Cette donation je la fais pour le salut de mon âme et pour celle de mes antécesseurs et d'Agnès mon épouse et en présence de Hubert de Fumechon, Eudes fils d'Himeri, Basile de Criel, etc ».

Robert Strabon d'Eu, chevalier, du consentement de Mathilde, sa femme, donne à l'abbaye de Briostel cinq acres de terre au Mont-Hugues, savoir : le champ qui est près la croix et le reste touchant la falaise. Cette donation libre de toute redevance, Robert la fait pour une livre de poivre que les moines lui paieront avec une autre livre que ces mêmes religieux lui devaient déjà. Témoins : Hugues, abbé d'Eu, Raoul, prieur de la Chaussée, Enguerand

(ª) Droit qui se prélevait sur les bois, à l'occasion de leur transport.

Parmi les témoins de la charte de donation, LA ROQUE cite Alurède, Etienne et Guillaume de Saint-Martin, *Vautier d'Ecotigny*, Osbert, abbé d'Eu. Le même *Vautier d'Ecotigny* est également témoin avec Gautier de Foucarmont, Roger de Capval, Robert de Melleville, Enguerand Peuvrel et Roger de Fréauville dans une charte de 1191, par Raoul d'Issoudun, qui confirme à l'abbaye de Tréport les biens donnés à ce monastère par ses prédécesseurs.

de Montigny. En Juin 1223, le même Robert Strabon, chevalier, seigneur de la Chaussée d'Eu, donne à l'abbaye de Foucarmont et pour le repos de son âme et celle de ses ancêtres et de ses deux femmes : Mathilde *d'Encre*? et Mathilde de Montigny, dix sols de revenu annuel : cinq à Noël et cinq à Pâques, à prendre sur une masure que tient de lui Robert Anglicus, ou tout autre à l'avenir. Et au prieuré de la Trinité il donne la dime de ses moulins d'Eu.

En 1283, Jean Strabon, seigneur de la *Cauchie d'Oeu*, donne à l'abbaye de Saint-Lucien, de Beauvais, à cause de son prieuré de la Trinité, trois maisons sises au dit lieu de la *Cochie*, avec le droit de fournage pour les d. trois maisons.

LA CHAUSSÉE D'EU : *d'azur semé de croissants d'argent, à trois besants d'or.*

# LA BARONNIE

---

OUS avions dit à la suite de nos premières recherches que la baronnie d'Ecotigny ne possédait qu'un fief. D'après des recherches ultérieures que nous avons pu faire dans les archives du comté d'Eu — déjà citées — il y a lieu à rectification et nous citons :

« Cette baronnye s'estend aux lieux et villages d'Escotigny et és environs, Floques, Estalondes, Saint Remy-en-Campagne, Heudelimont, Monchy, Biville et aultres lieux et endroits du dict conté ».

« De laquelle sont tenus et mouvants plusieurs fiefs, arrière-fiefs, vavassories et ténements tant qu'en fief qu'en roture ».

« Et à cause de laquelle a tous droits, prééminences de justice basse et moyenne, droits de présentation aux bénéfices et cures du dit Escotigny et Saint-Vaast de Goemare autrement nommé Bailleul (1) »

(1) Suivant le *Reg., des fiefs et arrière-fiefs du baill , de Caux* — 1503 — le fief de Bailleul « *assis en la sergenterye du Neufchastel étoit ung plain fief tenu du Roy appart. à Adrian seigneur de la Heuse qui étoit demeurant au d. lieu de Bailleul.* »

Ce fief avait droit de présenter à la cure du lieu.

Le 18 mars 1459 Jean de la Heuze, baron d'Ecotigny, seigneur de Bailleul rendit aveu du plein fief de Bailleul et vers cette époque présenta Gui Rillon, à la cure de Saint-Vast de Bailleul.

« Droits de reliefs, treizième, amendes, confiscations, forfaitures, droits de colombier à pied, de tor et ver, et tous
autres droits et devoirs seigneuriaux que à baronnie *compette*
et appartient. »

« Droits de *mesrien*, pour édifier et réparer le manoir et le
moulin (1), un *haistre* pour la souche de Noël, la chasse en la
grande rivière avec droit de garenne sur la petite, ».

« Les vassaux de Floques luy doivent par chacun porc un
sol d'acquit à la Saint-Remy et chacune beste à layne une
obole au terme de Noël, »

« Fiefs et vavassories mouvants d'ycelle baronnie :

Heudelimont, demi fief de Haubert possédé en 1649 par les
héritiers de Charles Mauqoys.

Estalonde, *idem* appartenant à Philippe de Torcy.

Lignemare, *id* sis à Ponts et Marais.

Goemare ou autrement de Bailleul, fief de pleines armes
occupé par le sieur de Maucomble.

La Hachette, vavassorie sise à Saint-Remy, et tenue pré-
cédemment par les héritiers de François Le Griel, sieur de la
Bourdayne, et de présent (1650) par Danzel, escuyer sieur de
Lignières.

Vavassorie noble sise à Estalonde, occupée par le sieur
d'Escarbotin.

Avennes, vavassorie sise à Biville.

« Le domaine non fieffé consiste en outre du manoir seigneurial, d'un moulin bannal construit en pierre sur la rivière
qui flue et descend du moulin de Grandcourt au dit Ecotigny,
la situation du quel moulin avec la maison, cour et jardin sont
du dixmage de Grandcourt. Pour la chasse du dit moulin a
droit de faire passer et repasser ses chevaux et bestes de
somme pour apporter et reporter les moultes des bannaux du
dit Escotigny, la Leuqueue, Lignemare et autres lieux.

(1) Lors de la fondation de l'abbaye de Sainte-Marie d'Eu par Henri Ier
(1119) ce comte donna au dit monastère, la dîme qui lui revenait sur le
moulin d'Ecotigny.

« Ce domaine non fieffé consiste encore en plusieurs maisons, manoirs, pressoir, terres labourables, scavoir sept vingt dix acres, prairies, trente acres de patys commençant à la forest et s'étendant de la dite baronnie.

« Le manoir seigneurial scéant au dit Escotigny, où il y a eu anciennement chasteau et forteresse enclos de murailles, fossez à fond de cuve, pont-levis, fortifications « de longtemps ruinées par les guerres » et de présent (1650) y a un corps de logis basty de briques et de pierres et autres bâtiments enclos de fossez nouvellement construits avec quatre tours et pont-levis. »

La baronnie *d'Ecotigny* était dans la maison de la Heuze dans la seconde moitié du XVᵉ siècle.

Jean de la Heuze, capitaine des trente-quatre lances et des gens de trait du ban et de l'arrière-ban était baron d'Ecotigny en 1459. Son fils Adrien, baron, seigneur de la Heuze, Bailleul, Mesnil-Mauger, Sainte-Beuve-en-Rivière en 1517, n'ayant pas laissé d'enfants de son mariage avec Anne de Pisseleu, sa succession fut partagée entre ses héritiers. Nicolas de Pardieu fils de Robert, † en 1477 et petit-fils de Martin, marié à Marie de Soreng, fllle unique de Robert de Soreng, chevalier et de N. de la Heuze, devint aussi baron d'Ecotigny, Christophe de Pardieu, fils de Nicolas, qui en 1530 épousa Anne de Cléres, fut aussi baron d'Ecotigny. Puis nous citerons François de Pardieu † en 1590, Centurion de Pardieu † en 1614 puis le fils de ce dernier François de Pardieu mort célibataire en 1633.

Henri de Lorraine, duc de Guise et comte d'Eu, qui avait acheté la baronnie d'Ecotigny avant 1645 la revendit le 28 août 1647, moyennant 49,000 livres à Charles de Bézu, chevalier, seigneur de Fresnelles, Fricourt, Chaussoy, etc.

Cette vente consiste en « la baronnie terre et seigneurie « d'Ecotigny scituée et assize au comté d'Eu, consistant en « maison bastie de briques et de pierres, couverte d'ardoises « et de thuiles, granges, écuries, pressoir, cour et jardin, « *le village et paroisse* du dit lieu d'Escotigny, ensemble les

« villages de Flocques et Etalondes dépendants de la dite
« baronnie en ce qui appartient au dit seigneur en cens, rentes
« seigneuriales, terres labourables, près, moulin à eau, droit
« de patronage à la cure du dit lieu d'Escotigny, droits *hono-*
« *rifiques* (1) à ceux de Floques et Etalondes et toutes les pré-
« rogatives et préeminences en dépendantes. »

Des contestations ne tardèrent pas à s'élever entre le vendeur et l'acquéreur. Le comte d'Eu trouvait exorbitant les
droits d'usage à exercer par le baron dans la forêt. En outre
il pensait à se réserver comme seigneur suzerain les droits
honorifiques dans les églises de Floques et d'Etalondes.

Mais par suite d'une transaction en date du 1er juin 1653, le
droit de franc batissage pour le château d'Ecotigny et le
moulin du lieu, fut confirmé au baron ; et pour son chauffage il
fut réglé à dix cordes de gros bois de hêtres et deux mille
fagots par chacune année. Pour le paturage des bestiaux dans
la forêt et le panage et la glandée pour les porcs, il fut arrêté
*au nourri de la dite terre* d'Ecotigny — c'est-à-dire tout ce
qui pour une année était nécessaire en lait et en viande, à la
nourriture des personnes habitant le château, comme celles
des maisons jouissant de ces droits d'usage.

« En outre reconnaist mon dit seigneur duc qu'au dit sei-
« gneur baron d'Escotigny appartiennent tous les droits hono-
« rifiques concernant les églises d'Ecotignies, Floques et
« Estalondes et toutes les prérogatives y attachées suivant
« contrat et accord du 28 août 1647 ».

(1) Ce patronage donnait droit entr'autres prérogatives à la nomination de
la cloche et de faire reproduire ses armes sur la dite cloche, d'avoir un banc
seigneurial à l'église — si toutefois le seigneur présentateur n'en possédait
déjà un — et présentation par le desservant de l'eau bénite en arrivant à ce
banc pour assister à la messe, en outre, la prèséance aux processions et aux
assemblées de la fabrique, le droit de faire reproduire une litre à ses armes à
l'intérieur comme à l'extérieur de l'église, d'avoir son caveau sépulcral sous
le chœur de l'église ou au moins celui d'être et les siens, inhumé dans le
chœur de l'église ou dans la nef devant le Christ.

En 1520 Nicolas de Pardieu, baron d'Ecotigny et patron honoraire d'Etalondes et de Floques nomma la cloche de l'église de ce dernier lieu avec
Austreberthe de Pisseleu sa femme.

D'après le *Détail par le menu du comté d'Eu*, dressé en 1650 lors de la saisie de ce comté, le baron d'Ecotigny « à cause de la terre du dit Escotigny » jouissait des droits de garde noble, aubaine, bâtardise (1), déchéance, confiscation et aussi celui d'administration de la maladrerie de Grandcourt, qui à cette époque paraît être unie à l'hôpital de la ville d'Eu.

Les vasseurs et tenanciers de la baronnie, étaient tenus de payer au dit baron quatre sols par ménage. Les veuves ne payaient que trois sols et les enfants deux sols.

Pour la suite de la possession de cette baronnie v. *Cloches du Pays de Bray* tom I<sup>er</sup> p. 233.

De l'ancien château édifié entre la rivière et le jardin actuel, de ses tourelles et ponts-levis, il ne reste plus rien. Les fossés qui l'entouraient sont en grande partie comblés.

Lorsqu'en 1645, Henri de Lorraine, achetait la baronnie d'Ecotigny, il ne devait déjà plus rester que des vestiges de l'ancienne demeure féodale.

Aussitôt en possession de ce domaine, le comte d'Eu fit construire un grand corps de logis qu'il destinait à ses rendez-vous de chasse dans sa forêt, comme il devait en être plus tard de la Motte de Sept-Meules et de Romesnil.

De ce grand corps de logis on ne distingue que l'inscription suivante :

FAICT DV TEMPS DE HENRI

DE LORRAINE DVC DE GVISE

COMPTE D'EV ET BARON

DES COTIGNIE

1645

Deux ans plus tard la baronnie d'Ecotigny passait en nouvelles mains (v. p. 31).

Quant aux promenades, qui du manoir seigneurial aboutissaient à la forêt et consistaient en une double ligne de tilleuls près des jardins, en une autre double ligne de pommiers dans

---

(1) Droit de succéder dans ses biens, à un bâtard décédé sans avoir testé et sans enfants nés en légitime mariage.

les terres en labour et de hêtres, cette dernière allant des pâtis jusqu'à la forêt, il restait encore quelques uns de ces arbres dans la première partie du XIXᵉ siècle.

Nous avons encore vu dans notre enfance, le hêtre planté à l'ang'e formé par le chemin d'Eu et celui de Criel ; et qui était désigné sous le nom de *l'arbre du Baron*, comme le lieudit situé près de là porte encore le nom de *fonds du Baron*.

Suivant une légende, des souterrains auraient existé en ces lieux. En fait de souterrains, nous ne connaissons que les excavations qu'on rencontre quelquefois au lieu dit *les Chauffours*, tout voisin de la forêt.

# ÉGLISE

## ET

# PAROISSE

L'ÉGLISE d'Ecotigny qui datait du XIIᵉ siècle était construite en silex, ses petites fenêtres de forme ogivale laissaient voir quelques traces de pierres blanches et près de la porte placée du côté nord, on remarquait dans la muraille quelques damiers en silex noirs et blancs. Une litre aux armes de la famille de *Gaude* existait sur la nef.

Edifiée sur un petit monticule affectant la forme demi-circulaire du côté de la rivière, cette église traversa sans trop de mutilations l'époque des guerres du XIVᵉ et XVᵉ siècles, si désastreuses pour le château de Grandcourt et celui d'Ecotigny, ses voisins très rapprochés.

Supprimée à la Révolution du siècle dernier elle était encore à usage de grange en 1870, mais depuis la pioche des démolisseurs a totalement rasé ses murs dont il ne reste plus trace.

Sous le chœur détruit vers 1830, était le caveau dans lequel furent inhumés plusieurs membres de la famille de *Bezu* : Elisabeth-Judith de Neufville, femme de messire Charles de Bezu, chevalier, seigneur et baron d'Ecotigny † 5 novembre 1657, Ch.-François de Bezu, baron d'Ecotigny † en février

1689, François de Bezu, chevalier, seigneur de Fresnelles, âgé d'environ 40 ans † 10 novembre 1691.

Les cercueils en plomb renfermant ces corps, furent pillés avant la démolition du chœur.

Le clocher, corps carré placé au bas de l'église et qui date aussi du XII° siècle a été conservé jusqu'alors. Nous l'avons fait reproduire en gravure (v. pl. II,) par notre ami M. Winckler-Hiver, graveur, à qui nous devons les nombreuses reproductions qui accompagnent nos diverses *Etudes,* ce dont nous ne saurons trop lui témoigner notre reconnaissance.

Cette gravure nous montre : 1° côté nord du clocher et sa lucarne ; 2° le côté est, avec la porte qui servait pour la communication dans l'église nous laisse voir un écusson aux armes de la famille de *Gaude de Martainville* qui possédait la baronnie d'Ecotigny en 1734. (*V. Cloches du Pays de Bray,* déjà cité).

Nous avions en cet ouvrage, et d'après le *Nobiliaire de Picardie,* indiqué par inversion les couleurs de ces armes. Sur la litre de l'église d'Ecotigny ces armes sont : *de sable, au dragon d'or, langué et griffé de gueules.*

Le patronage de l'église Sainte-Marie d'Ecotigny fut toujours à la présentation du seigneur du lieu. Vers 1240, Gautier d'Ecotigny, présenta à la cure du lieu le prêtre Richard, qui fut agréé par l'archevêque Pierre de Colmieu.

En 1459, Jean de la Heuze, chevalier, seigneur de la Heuze et de Bailleul, baron d'Ecotigny présenta à la cure d'Ecotigny Guillaume de Canteleu, docteur en décrets.

A cette époque cette cure ne valait que 100 sols et ne comptait que douze paroissiens, ce qui était occasionné par le malheur des guerres et par « *le deschet de peuple,* la plus grande partie des terres estoient en dégast et cheus comme à néant ».

En 1469, Jean Labbé était curé de ce lieu.

Les *Archives départementales* possèdent de nombreuses nominations à la cure d'Ecotigny. Nous les rapportons par ordre de date :

RUINES DE L'EGLISE D'ECOTIGNY

ABBEVILLE, LITH., E. WINCKLER

22 janvier 1646, Henriette-Catherine de Joyeuse, duchesse de Guise, comtesse d'Eu, présente Remy de La Motte en remplacement de Charles Leleu décédé.

9 Avril 1654, Charles de Bezu présente Jean Hourdel, qui succède au précédent.

6 avril 1657, le même baron d'Ecotigny présente Laurent Léger en remplacement de Jean Hourdel.

11 septembre 1670, René de Bezu, présente Jean Le Varlet au lieu et place de Laurent Léger.

4 mars 1671, c'est l'abbé Jean Caignart qui succède au précédent.

Le départ si rapidement successif des nombreux titulaires qui en quelques années ont occupé la cure d'Ecotigny, porte à croire que le curé vidait quelquefois les lieux, sans remettre sa cure aux mains du seigneur-patron, ce que semble confirmer « la remise de la cure d'Escotigny faite le 21 may 1672 par l'abbé Creton », soit près d'un an après la nomination de Jean Caignart. — *Arch. départementales.* — Le nouveau titulaire Jean Caignart, semble apporter un peu de calme dans ces changements si successifs. Ce curé accorde un peu de répit à son seigneur-patron. Aussi, suivant le proverbe : trois jours de répit valent 100 livres, le baron d'Ecotigny devait une fière chandelle à l'abbé Caignart qui resta dix ans dans sa cure. Il démissionna « le 6 may 1681 ».

François Liesse, sous-diacre, fut son successeur.

L'Etat du doyenné de Foucarmont envoyé à Mgr le coadjuteur le 23 janvier 1683, donne quelques renseignements sur le nouveau titulaire de cette cure.

L'abbé Liesse, 26 ans, pas beaucoup d'esprit ni de science, mais de bonnes mœurs. Il fait fort bien l'école et le catéchisme, et reçoit « à l'escole les enfants que lui envoye l'abbé Colas, curé de Pierrepont, pieux, docte et de grand exemple ».

L'abbé Liesse, mort le 6 Juin 1708 eut pour successeur Charles Auzou, prêtre habitué à Saint-Pierre de Basqueville, que Jacques de Bezu, présenta le 8 octobre suivant à la nomination de l'archevêque.

Dix ans plus tard, 10 septembre 1718, Charles de Riencourt, tuteur de Fr.-Jacq. de Riencourt, escuyer, son fils, héritier sous bénéfice d'inventaire de feu messire François de Bezu baron d'Ecotigny, présenta Jacques Delépine, vicaire de Grandcourt qui exerça jusqu'en 1759, et mourut le 20 Décembre 1769, âgé de plus de 80 ans, et fut inhumé dans le cimetière d'Ecotigny.

Durant quelques années les fonctions curiales avaient été remplies par l'abbé Turbet, vicaire de Grandcourt, plus tard curé de Puisenval, mais en 1767, l'abbé Drye fut nommé à la cure d'Ecotigny où il exerçait encore le 23 mars 1792.

# FAMILLE

DE

# GRANDCOURT

—➤—⊏⊐—◂—

PLUSIEURS auteurs ont écrit d'après des citations de *Neustria pia, Gall. Christ*, et aussi suivant *Orderic Vital* que la famille de *Grandcourt*, était issue des premiers comtes d'Eu.

Nul doute que ces grands feudataires n'ayent donné à leurs puînés des terres sises dans le comté d'Eu, dont ces puînés prirent les noms, pour les transmettre à leurs héritiers directs.

Nous avons dit à la pag. XXIX de cette notice, en rapportant l'origine de quelques seigneurs du comté d'Eu, que Guillaume de Grandcourt était fils de Guillaume II, comte d'Eu (1096).

Mais avant cette époque, les cartulaires de nos diverses abbayes font connaître dès le commencement du XIᵉ siècle, les noms de plusieurs membres de cette famille, ce qui n'infirme en rien l'origine de cette même famille, mais lui donnerait une date plus reculée.

La charte de fondation de l'abbaye de Tréport (1036) est le premier document, qui nous révèle à la fois le nom de la paroisse de *Grandcourt;* et celui de la famille portant le nom de ce lieu.

Suivant cette charte, Robert, comte d'Eu, donne au dit monastère la dîme du tonlieu — v. p. xx — de Sept-Meules et de *Grandcourt* (1).

Alurède de Grandcourt, est le premier de cette famille dont le nom soit cité. Imitant la libéralité du pieux fondateur, il donne à la naissante abbaye et du consentement de son fils Robert, deux gerbes de la dîme de sa terre de Grandcourt — *de terra sua de Grandcourt* — Alurède fait ce don pour son âme et celle de ses ancêtres — *pro sua et antecessorum suorum anima.* — *Cart.* du Tréport p. 13.

Les renseignements généalogiques connus à ce jour, concernant la famille de GRANDCOURT, ne nous permettent pas à l'égard de cette famille d'établir une filiation suivie.

Aussi à défaut de documents certains, nous citerons par ordre chronologique, les noms des membres de cette famille dont l'histoire, comme celle de tant d'autres des familles nobles du comté d'Eu, ne paraît pas dépasser le XIII° siècle.

Raoul de Grandcourt *qui ne voit goutte*, paraît suivant l'ordre du temps être le fils de Robert. Il donne au monastère de Tréport, la dîme de tout ce qu'il possède à Grandcourt.

En 1059 Raoul de Grandcourt, l'*Aveugle ;* et son fils Raoul, sont témoins de diverses donations faites également à l'abbaye du Tréport, par Romère du Douet et son frère Osberne.

Raoul l'*Aveugle*, également témoin de la libéralité de Guillaume Talbot (2) qui aumôna au sus-dit monastère deux gerbes de dîme à prendre à Guilmecourt, augmenta la donation citée plus haut, en ajoutant la dîme de ce qui lui appartient à Penly.

---

(1) Le dit Robert complète sa donation en ces termes : « En plus, je donne la dîme de tous les poissons de ma cuisine et du sel, et de la viande qui me viendra d'Angleterre, à moi ou à mes héritiers ».

(2) De la maison des Talbot, barons de Cleuville au pays de Caux, dont est issue la branche des Talbot d'Angleterre, dont était Jean, sire de Talbot, l'un des plus fameux capitaines du roi Henri IV, d'Angleterre, tué au siège de Castillon, en 1453.

TALBOT : de *gueules au lion d'or, à la bordure engrelée du même.*

Gauthier de Grandcourt est cité parmi les chevaliers normands, ayant en 1066 accompagné le duc Guillaume à la conquête de l'Angleterre. Son nom est rapporté à côté de ceux des chevaliers de la même contrée, tels que : Guillaume de Bray, Roger de Bulli, Guillaume et Roger de Bosc-le-Hard, Guillaume d'Eu, Richard de Fresle, Robert de Saint-Leger, Raoul de Limesi, Gauthier de Muchedent, Vauquelin de Rosay, Anscher de Senarpont, Guillaume de Sept-Meules, Osberne de Wanchy, Roger de Sommery, Gauthier de Saint-Valery, Geoffroy et Renaud de Pierrepont, etc., qui marchèrent sous la bannière du conquérant.

En 1107, Abraham de Grandcourt en considération de la prise de l'habit monastique, en l'abbaye de Saint-Michel de Tréport, par son fils André, donne à ce monastère la dîme de son fief. Cette donation faite du consentement de Roger de Grandcourt, *son seigneur* (1), est faite en présence de Barthélemy de Capval et Alurède, chevalier.

Pierre de Grandcourt, prévot, du consentement de son fils Rainold, donne au même monastère pour le repos de son âme et celle de ses antécesseurs, 12 arpents de terre arable. Témoins : Raoul de Grandcourt et son fils Roger, Vauthier de Déville et son fils Vauthier, etc.

Le cartulaire de l'abbaye de Foucarmont fait mention du nom d'Abraham de Grandcourt.

En même temps que ci-dessus, Gauthier de Saint-Aignan donnait trois âcres de terre et Fulcon de Puisenval une acre, Abraham de Grandcourt aumone aussi une acre de terre. En plus il donne deux salines, sises à Brienchon (Criel).

En 1107, Roger de Grandcourt, est avec Robert de Fréauville et Roger de Sauchay, témoin de diverses donations faites à l'abbaye de Tréport par plusieurs seigneurs de la contrée, parmi lesquels nous citerons : Abraham de la Pierre,

(1) D'après cette citation et suivant plusieurs autres rapportées au cours de nos recherches, il semble résulter qu'il y avait plusieurs branches en cette famille.

qui se fait moine ; et du consentement de son fils Hugues,
donne la dîme de la terre de Blanques, Gilbert de Saint-
Hilaire, du consentement d'Adelise sa femme et de celui de
leur fils, cette dernière donation est faite en présence d'Osberne de la Leuqueue et d'Anfroy de Bouville.

Les cartulaires des abbayes et prieuré du comté d'Eu,
comme ceux de ces mêmes établissements situés sur les rives
opposées de la Bresle, citent un grand nombre de noms des
membres de la famille de *Grandcourt ;* soit pour rapporter les
dons faits par les divers membres de cette famille, soit
seulement pour mentionner leur témoignage dans les nombreux actes de pieuses libéralités, qui eurent lieu en leur présence.

Turold de Grandcourt, est témoin d'une donation faite à
l'abbaye de Foucarmont en 1175, par Robert d'Aulnoy, de
12 acres de terre dans le fief d'Hugues du Bosc, 12 dans celui
de Guillaume de Pormort et 10 au Fossé-Roy.

Henri de Grandcourt, est cité parmi les bienfaiteurs de
l'abbaye de Sery. Nous rapportons de lui la charte suivante :

Moi, Henri de Grandcourt, j'ai concédé à l'église de la B. Marie
de Sery, la dîme du moulin de Grandcourt en pure et perpétuelle
aumône, ainsi que mon grand père l'a donnée et que mon père l'a
concédé, libre de la réparation du moulin et de toute coutume, afin
que la clémence de Dieu fasse miséricorde à mon âme et à celles
de mes ancêtres ; et que nous participions aux prières et aux
bonnes œuvres de la dite église. Pour assurer la perpétuité de
cette donation, je l'ai munie de mon sceau et des témoins l'ont
souscrite.

Fait l'an de l'Incarnation du Verbe 1185.

D'après cette donation et suivant un Etat de ses revenus
dressé en 1730, et rapporté par M. Darsy — *Etat gén., des
biens, revenus et charges du diocèse d'Amiens* — cette abbaye
avait encore à cette époque le droit « du dixième denier à

prendre sur le moulin de Grandcourt, selon le prix qu'il est affermé (1) ».

En 1218, Jean Strabon de Criel, abandonne aux religieux de Sainte-Marie d'Eu, tant en son nom qu'en celui de ses fils Vauthier et Jean; et de sa fille Aëlis, les droits qu'il pouvait avoir sur la chapelle Saint-Léonard, près Criel. Il prend à témoins : Robert de Fréauville, Robert Strabon, Henri et Guillaume de Bellengreville, *Simon de Grandcourt*, Geoffroy d'Oiri et Thibaut de la Chapelle.

En 1226, Simon de Grandcourt, chevalier, du consentement de sa femme Judith et de Guillaume, son fils aîné et héritier, donne à l'abbaye de Foucarmont, un champ sis vers Touffrecalles, ce qui augmentait d'autant les possessions de l'abbaye en ce lieu, car précédemment elle avait déja reçu divers dons des seigneurs des alentours, parmi lesquels nous citerons les suivants :

Vauthier de Saint-Aignan, du consentement de Vautier de Grandcourt et d'Enguerand d'Avesnes, avait donné la culture

---

(1) Une pièce qui est aux *Archives du château d'Eu*, fait à la fois conaître le prix de location « du moulin à bled » de Grandcourt en 1767 et les obligations qui étaient imposées au locataire nommé Nicolas Chevalier,.

Ce moulin était alors loué « onze cents livres, en outre les charges ordi-« naires qui sont d'entretenir le dit moulin d'aubes, coyaux, pointeaux, che-« villes, fuzeaux, ainsi que cyseaux, *pipes et pipoirs* (a), taillants, gros maillets, « battes à blutoir (b), pieds de chèvre, d'avoir des mesures, poids, *ballances* « et brancards duement ajustés et *épallés* (controlés) et un garde moulin juré ».

En outre, le dit Chevarier devait monter à ses frais les arbres tournants et les meules qui lui seraient apportées au pied du moulin, souffrir sans avoir à prétendre à indemnité, toutes les grosses réparations jusqu'à 20 jours consécutifs et en plus curer la rivière 50 toises en amont et autant en aval.

(a) Petite lame de fer introduite au moyen du *pipoir* (gros ciseau) dans la *poire* du fer à moulin et qui servait à équilibrer la meule dite *courant* ou de dessus.

(b) La batte était placée à la partie supérieure d'un montant mobile, ayant sa partie inférieure munie d'une contre-batte. La batte touchait aux croisillons de la lanterne, ce qui occasionnait un mouvement transmis à la contre-batte et par ce contre-coup, celle-ci secouait le bluteau au moyen d'une forte tissure la reliant à ce dernier.

de 20 acres de terre ; de son côté, Vauthier de Grandcourt abandonnait aux religieux la moitié de la mouture de la culture
des dites 20 acres et toute celle de deux autres acres.

Cette dernière donation avait été faite avant 1224 car cette
dite année, Heudiarde, veuve de Vauthier de Grandcourt
aumône du consentement de son fils aîné, aux religieux de
Foucarmont, pour le repos de l'âme de son mari et celle de
ses parents, 12 deniers de monnaie courante à prendre chaque
année à Noël, sur le revenu d'une masure qu'elle et son mari
ont achetée de Franquelin Quenouard.

En février 1244 Thomas, chevalier, seigneur de Saint-Léger,
Gauthier de Saint-Léger, Elie de Clais, Robert de la Neuville
se rendent caution pour Thomas de Clais, chevalier, qui
renonce pour raison de dettes à ne rien demander à l'avenir,
lui Thomas, sa mère Béatrix et sa femme Eularde, aux religieux de Foucarmont au sujet d'un champ qui leur avait été
vendu par Adam de Clais, père de Thomas.

Cet acte est consenti en présence de Thibaut de la Chapelle,
bailli du roi et des chevaliers dont les noms suivent : Hugues
de Fontaines, Robert Rastel, Guillaume de Foucarmont,
*Simon de Grandcourt*, Raoul le Porc, Guillaume et Pierre de
Melleville, et de Gosselin Triquet, bailli de la comtesse d'Eu.

Rapporter ici les actes de bienfaisance des comtes d'Eu,
c'est continuer à citer les noms des divers membres de la
famille de Grandcourt, qui toujours furent témoins des actes de
libéralité de leur suzerain.

Henri II, comte d'Eu, donne à la chapelle Saint-Thomas de
Criel pour son âme, pour celle du comte Jean son père et de
la comtesse Aélis ou Alix sa mère et celle de tous ses ancêtres
une mine de froment à prendre le vendredi de chaque
semaine, dans ses moulins de Criel et sans redevance de
mouture. En plus 15 deniers également chaque semaine, à
prendre sur les revenus de la vicomté de la dite ville, ainsi que
les obligations faites à la chapelle, les droits épiscopaux étant
réservés. Témoins : Osbert, abbé d'Eu, Alurède de Saint-
Martin, Thomas et Barthélemy de Briençon, Vautier de

Favencourt, Guillaume Strabon d'Eu, Raoul d'Eu, *Elinand de Grandcourt*, Guidon de Gorenflos.

Les tisserands de la ville d'Eu ayant obtenu du comte Henri I<sup>er</sup>, certaines libertés à condition de rendre chaque année à la Pentecôte un cierge à la chapelle de la Vierge de N.-D. d'Eu, ne s'acquittaient pas de cette redevance, Henri II, son petit-fils, après avoir traduit les tisserands devant la justice, les oblige par une charte consentie en présence de Robert, sénéchal, Guidon de Gorenflos, *Elinand de Grandcourt*, Enguerand Peuvrel, etc., à payer ce cierge à raison de 4 deniers par maison.

Le même comte Henri II, donne au sacriste d'Eu, 2 mines de pur froment de la mouture de ses moulins d'Eu, pour faire des hosties, à prendre chaque année, ainsi qu'une somme de charbons, le mois et la semaine qu'il plaira au sacriste. Témoins : Robert de Saint-Pierre, Barthelemy de Briençon, Raoul d'Eu, *Elinand de Grandcourt*, Enguerand Peuvrel, Pierre de la Barre, etc.

Citons ici une charte accordée à l'abbaye de Sainte Marie de Sery :

Au nom de la Sainte et indivisible Trinité, Père, Fils et Saint Esprit, *Amen*.

Sachent présents et futurs que moi Henri, comte d'Eu, fils de Jean, comte, fils d'un autre Henri, je donne et confirme pour la rémission de mes péchés, à l'église Sainte Marie de Sery et à ses serviteurs l'aumône que Henri, mon aïeul et Jean, mon père avaient donnée et abandonnée à la dite Eglise, savoir : le bois mort de ma forêt et les coutumes libres et absolues par toute ma terre.

Témoins : Gauthier, prêtre ; Robert, dapifer ; Thomas de Briençon, *Elinand de Grandcourt*, Gauthier de Foucarmont, Hellebord de Favencourt, etc.

Robert Saget d'Assigny, confirme la donation de 7 acres de terre que Richard d'Estrimont, a données à l'abbaye de Foucarmont moyennant une livre de revenu payable la semaine de Pâques. Témoins : *Elinand de Grandcourt*, Vautier de Foucarmont et Jean de Puchervin.

Revenons à Guillaume de Grandcourt cité ci-dessus.

Le P. Anselme — *Hist., gén., et chron.*, Tom II. p. 495, B, et avant lui Orderic Vital, disent que Guillaume de Grandcourt était fils de Guillaume II, comte d'Eu et frère puîné d'Henri Ier, le fondateur de l'abbaye de Foucarmont.

Guillaume de Grandcourt combattait à la bataille de Bourg-Theroude en 1124, dans les rangs de l'armée d'Henri, roi d'Angleterre, duc de Normandie, et dans cette journée fit prisonnier Amaury de Montfort, comte d'Evreux, chef du parti qui favorisait Guillaume Cliton, fils de Robert III, duc de Normandie, dans ses prétentions sur le duché de Normandie.

Les coutumes barbares de cette époque troublée, ne laissant aucun doute sur le sort qui attendait Amaury s'il le remettait aux mains du vainqueur, Guillaume de Grandcourt, aima mieux perdre ses biens et encourir la disgrace d'Henri, que de livrer son prisonnier, qu'il conduisit lui-même à Beaumont.

Alors quittant le service du roi d'Angleterre, duc de Normandie, il se joignit au parti de Guillaume Cliton, qui parmi les chevaliers de la contrée comptait : Helie de Saint-Saëns, Tyrel de Mesnières, Baudry de Bray, etc.

Orderic Vital et le P. Anselme en citant le nom du père de Guillaume de Grandcourt, ne disent pas si celui-ci possédait la terre dont il portait le nom.

En sa qualité de seigneur suzerain du comté d'Eu, dont faisait partie la baronnie de Grandcourt, Guillaume II n'avait-il donné à son fils puiné, que le titre de cette baronnie, ce qui lui aurait assuré une sorte de suprématie sur les possesseurs de la terre ? Quelles étaient les terres que Guillaume de Grandcourt abandonnait en laissant le service du roi d'Angleterre, duc de Normandie ? Les membres de la famille de Grandcourt dont nous avons cité les noms, au cours de ces recherches, comptaient-ils parmi les descendants du même Guillaume ?

Autant de questions que le manque de documents probants empêche de résoudre.

En terminant citons encore le nom d'Eustache de Grandcourt, doyen du chapitre d'Evreux, dont le nom est rapporté dans une bulle d'Alexandre V — juillet 1286 — confirmant aux dcminicains le droit de prêcher, d'entendre en confession et d'absoudre — *Arch., de la Seine-Inf.*

Eustache était-il issu de la famille de Grandcourt au comté d'Eu, ou comptait-il parmi les descendants de Guillaume de Grandcourt, qui après la bataille de Bourg-Theroude, dut se fixer dans le comté d'Evreux ?

# LA BARONNIE

L A baronnie de Grandcourt, unie de toute ancienneté au corps du comté d'Eu, s'étendait « sur les paroisses de Grandcourt, Puisenval, Hesmies, Fresnoy, Caude-Cotte et le hameau du Doigt ès environs ».

« Les comtes d'Eu avaient le droit de justice moyenne et basse, reliefs et aydes, treizièmes, amendes, forfaitures et devoirs seigneuriaux tels qu'à baronnie appartient ».

« Le domaine non fieffé consistant principalement en un moulin banal situé sur la rivière du lieu, sur la quelle le dit seigneur comte d'Eu a seul droit de pesche dans l'estendue de la baronnie ».

« Au dit bourg de Grandcourt il y a de toute ancienneté une halle appartenant au comte d'Eu, où s'exposent les grains aux jours de marché. Les droits de mesurage, hallage et menus arquits des autres marchandises qui s'exposent au dit marché, se baillent à ferme avec le moulin du dit lieu ».

Voici l'énumération de certains droits qui étaient perçus en 1510 sur divers objets ci-dessous détaillés :

Friperie et lingerie — chacun lit viel ou neuf  .  ,  4 deniers

Chacun manteau  .  .  .  .  .  .  .  .  .  .  .  4  »

Chacune couverture de lit ou *caquelongne*. . . . 1 denier

Chacune *robbe*, pourpoint ou autres hardes à usage

d'homme, femme ou enfant. . . . . . . . . 1 »

Acquit pour les draps — chaque pièce de drap

vendue . . . . . . . . . . . . . . . 4 »

Pour chaque coupe . . . . . . . . . . . . 1 »

Chacune pièce de toile, canevats ou *toillette* vendue

entière. . . . . . . . . . . . . . . . 2 »

Par coupe . . . . . . . . . . . . . . . 1 »

Acquit de la batterie dû par serruriers, taillandiers,

*clinquailliers*, chaudronniers et tout autre per-

sonne vendant en détail et par chaque semaine. 2 »

Poissonnerie. — Pour l'estallage de chacun pois-

sonnier ou vendeur de marée *fresche* ou *sallée*

2 deniers comme droit de travers (1) plus 2 deniers

comme estallage, soit. . . . . . . . . . 4 »

Chacun cent de *mollues*. . . . . . . . . . 16 »

Chacun saumon ou truite frais ou *sallé*. . . . . 1 »

Chacu baril de harengs . . . . . . . . . . 8 »

Chacun cent de harengs vendu en détail . . . . 2 »

Lesquels acquits se doivent payer dedans les 24 heures, à peine de 18 sols 1 denier d'amende (2).

---

(1) Droit perçu sur les marchandises, chariot, charette, cheval à somme ou à bât, bestiaux, etc. A Grandcourt il n'y avait que les marchandises qui étaient sujettes à ce droit, tandis qu'à Blangy, Monchaux et à Eu, ce droit était établi ainsi que suit :

Chariot chargé de marchandises 8 sols, charette *idem* 4 s.

Cheval à bât chargé de marchandises 5 s. charette chargée de marée *fresche* ou *sallée* 2 sols 6 deniers, cheval à somme de marée 5 d. cheval, *poullain*, vache, genisse, veau 2 d. porc ou cochon 1 d. *blanc* bétail (mouton) par chacune teste 1 d.

(2) Dans la première moitié du xixᵉ siècle, les droits de halle et marchés étaient loués 150 francs.

Vers 1854, le maire A. Soullez, aidé de deux de ses collègues au conseil municipal J.-L. Laignel et Dergny, s'occupa de la réorganisation du marché.

L'activité et le désintéressement de ces concitoyens furent couronné d'un plein succès.

Quelques années plus tard ces mêmes droits de hallage et de marchés

A la même époque (1510) est deu à cause du guet *qu'anciennement* étoient tenus faire les habitants du dit comté résidents ès paroisses et hameaux de Grandcourt, la Pierre, Desville, le Doigt, Morepas, Escotignies, Mondyon, Pierrepont, Hesmies, Puzenval, Fresnoy, Douxmesnil, etc., pour chacun mesnage 4 sols. Les veuves 2 sols (1).

En 1650, on comptait à Grandcourt 47 maisons ayant droit d'usage dans la forêt. Chacune de ces maisons « bastye sur les anciennes masures payait douze deniers, et quatre boisseaux d'avoine, mesure du boisseau à bled de la ville d'Eu ».

En 1892 on comptait encore à Grandcourt avec les anciennes paroisses de La Pierre, Ecotigny et Pierrepont, 26 de ces maisons pouvant jouir des droits d'usage consistant en paturage à une vache par ménage, plus la délivrance des saules avant l'ouverture des ventes et les arbres secs. Ces droits peuvent s'exercer dans la partie allant du Montauban, au poteau de Soreng (Béthencourt).

Le droit au paturage ne s'exerce plus depuis quelques années, et celui de la délivran e des bois devient de plus rare.

---

étaient loués quatorze cents francs. Mais depuis. de honteuses machinations, œuvre d'esprit de parti, ont fait retomber cette même location au prix de 350 francs par an.

(1) A son origine, au temps des ducs de Normandie, et tant que les Anglais possédèrent plusieurs points fortifiés à proximité de la frontière de Normandie, chaque habitant devait une journée de guet par mois, au château d'Eu « forteresse frontière ».

Une ordonnance de Louis XI, de 1475, puis un édit d'Henri IV de 1605, convertirent ce droit pour tout le royaume, en une redevance de 5 sols par feu. Mais les comtes d'Eu taxèrent ce droit à 4 sols par ménage et 2 sols pour les veuves.

La recette de ce droit avait lieu à domicile par *le commis du Guet. La levée de ce droit estoit faite et cueillie tous les ans, depuis la St-Michel jusqu'au 1er janvier.*

Les refusants étaient contraints par commandement, saisie et exécution.

Ce droit n'était pas uniformément dû par toutes les paroisses du comté.

Melleville, Caude-côte, Maisoncelles, Bailly-en-Rivière, Bazinval, Bailleul, Smermesnil, Fréauville, St-Riquier, Pierrecourt ne devaient qu'en partie. A

Depuis une vingtaine d'années un, certain nombre d'usagers
ont vendu leur droit à M. le comte de Paris, qui rachetait ces
droits en payant deux cent et quelques francs par ménage.

Deux châteaux existèrent en ce lieu. L'un édifié près du
cimetière, sur le monticule occupé par l'église et ce cimetière
qui entoure l'édifice religieux. Mais la partie où s'élevait le
château a été complétement rasée de 1845 à 1865, ce qui a
permis de reconnaître quelques restes de cette demeure
féodale.

L'autre était construit près la rivière. En face et du côté
opposé on voyait une motte antique. Celle-ci a été complètement détruite en 1850 lors de la construction de la route de
Blangy, et ses débris ont servi à niveler la place qui était en
contrebas de l'aire de la halle, de même que la *rue de l'Eglise*,
sorte de cavée ayant deux mètres de creux près la *ruelle au
Loup* et encore plus d'un mètre et demi à *la Fontaine du
Peuple* du nom d'un vieux peuplier planté au dessus de la
source qui existait en ce lieu. Cette fontaine coulait par la
rue du Hamel.

Quant au château, les travaux de déblais exécutés à la
même époque mirent à découvert quelques restes de murs,

dans lesquels nous avons vu
une sorte de cavité ayant plus
de quatre mètres de profon-
deur, complétement entourée de
murailles et dont l'ouverture
avait un mètre de diamètre.

Ce chateau et la motte durent
avoir à soutenir quelques faits

---

Preuseville, Dancourt et Aubermesnil une seule maison devait la taxe du guet.
A Parfondeval quatre maisons devaient ce droit. Au Val du Roy et à Sailly
deux seules maisons étaient taxées. A Mont-à-Cailleux (St-Riquier) deux
maisons étaient exemptes de cette taxe et à Rétonval, il y en avait quatre
situées près la forêt qui profitaient de cette exonération.

Des deux paroisses des Jonquières : St-Pierre devait en entier et St-
Sauveur (la Trinité) en était exemptée.

de guerre, à en juger par les ossements que nous avons trouvés sur l'emplacement de la maison que nous avons fait construire en 1880 dans un terrain situé en face de cette motte. Parmi ces ossements nous avons recueilli trois restes d'éperons du moyen-âge dont le plus important, est ici reproduit en gravure. Quelques fers à cheval de la même époque, ont également été trouvés en ce lieu.

Une digression à l'occasion de ce terrain. Nous y avons recueilli des blocs de tuf formés d'agglomérations de bouts de bois dont on voyait encore les nœuds, de branches laissant apercevoir le bout de leur ramure et des feuilles dont la dentelure, les côtes et les nervures étaient aussi apparentes qu'à l'état naturel. Nous avons aussi trouvé en ce lieu et parmi ces blocs la tête pétrifiée d'un fort chien ou celle d'un loup.

La baronnie de Grandcourt possédait treize fiefs ou parties de fief et vavassories.

*Puisenval*, plein fief.

*Marchaumont* et *Fresnoy* 1/2 fief.

Le *Douet* ou *Doigt, Douxmesnil, Touffrecales, Onfroy* ou *Honfroy* et *Richeval* 1/4 de fief.

*Du Pré, La Londe* et *Longroy*, qui n'étaient que 1/8 de fief.

*Caude-côte* ou *Cotte-Cotte* et *le Hamel* vavassories.

*Puisenval.* — Hugues et Turold de Puisenval, donnent à l'abbaye du Tréport deux gerbes de dîme à prendre sur leur fief de Puisenval.

Cette donation est confirmée en 1151 par Hugues, archevêque de Rouen.

Fulcon de Puisenval, figure également au nombre des bienfaiteurs de l'abbaye de Foucarmont, en donnant une acre de terre sise à Puisenval et libre de toute redevance, ce qui fut confirmé par le pape Anastase en juillet 1154.

Vers 1172, Robert, fils de ce même Fulcon et Vautier, son frère, résignent entre les mains de Rotrou, archevêque de Rouen, deux gerbes de la dîme du fief de leur père, qu'ils retiennent pour leur propre usage depuis longtemps ; et à leur prière l'archevêque donne ces deux gerbes à Osbert, abbé d'Eu et aux chanoines.

En 1227, Guillaume Fulcon de Puisenval et Agnès, sa femme donnent à l'abbaye de Foucarmont, une mine d'avoine suivant la mesure de Grandcourt, à prendre chaque année à la Saint-Remi, sur son principal tenement sis au dit lieu.

Le patronage de l'église de ce lieu, appartenait au Seigneur du lieu.

Vers la fin du XIII⁰ siècle, un différent s'éleva au sujet de ce patronage, entre Eustache de Grandcourt et le titulaire du personnat de l'église de Grandcourt (1) tous deux prétendant au droit de présenter à la cure de Puisenval.

Nous rapportons d'après le *Polypticum Rothom, diocesis* que nous avons déjà cité, la sentence rendue par le bailli du roi aux assises tenues à Eu, adressée à l'archevêque de Rouen et mentionnée seulement par Duplessis, dans sa *Description de la Haute Normandie.*

« Au R. Père dans le Christ, Guillaume, archevêque de Rouen, Raoul de Breuilly, chevalier, bailli du roi, salut, avec toute révérence et honneur.

Un conflit s'est élevé entre maître Eustache, seigneur de Grandcourt d'une part et maître Richard de Martigny, personne de l'église de Grandcourt, d'autre part, au sujet du patronage de l'église St-Nicolas de Puisenval, la dite question fut portée devant nous aux assises du Roi, à Eu.

Nous signifions à votre paternité, que dans les assises royales d'Eu, l'an du Seigneur 1278, le jour de la lune avant la fête de St-Mathieu, apôtre (2). Nous, de concert avec le sieur Vincent, prêtre de Preuseville, par vous délégué *ad hoc*, avons fait une enquête au moyen de 4 prêtres honnêtes et dignes de foi et de 4 chevaliers, soumis au serment et dûment et séparément examinés sur ce sujet. Le dit maître Eustache, par l'enquête des dits jurés et par le jugement des chevaliers assistant aux dites assises, a reçu par-devant nous le droit de patronage à la sus dite Eglise.

(1) Dignité bénéficiaire qui donnait prééminence sur les simples chanoines.
(2) 19 Septembre 1278.

En conséquence, nous vous signifions au nom du roi, que vous ayez à admettre à la dite église suivant l'usage nonobstant l'opposition du dit maître Richard, le clerc que vous présentera Me Eustache en qualité de vrai patron. Que votre paternité se porte bien et également dans le Seigneur Jésus-Christ.

Donné les jours et an que ci-dessus.

Suivant cette sentence Eustache de Grandcourt, était seigneur de Puisenval. Il ne nous a pas été donné de recueillir aucun titre à ce sujet. Mais une charte de l'an 1300, de l'abbaye de Foucarmont, le cite comme possédant plusieurs terres au dit lieu de Puisenval.

A cette époque les moines de Foucarmont donnent à bail perpétuel à Gauthier Blèche, tout ce qu'ils possèdent à Puisenval, qui consiste principalement en la terre d'Ecorchebeuf, touchant à celle de Raoul de Douxmesnil, d'une autre pièce de terre bornant à Guillaume de Fumechon, enfin d'autres aboutissant à celles de Eustache de Grandcourt.

Le 24 octobre 1602 Nicolas de Lobel, rend aveu de la terre et seigneurie de *Puisenval*.

En 1628, cette terre était *dans la maison* de *Malevente* ou *Malevende* (v. *Cloches du pays de Bray*, tom. Ier pag. 268.

Le 11 juin 1640, Pierre de Malevende, chevalier, seigneur de Fleurigny, la Bucaille, rend aveu des fiefs de la Pierre, Val-du-Roy et *Puisenval*.

En 1745, Jean de Lamiré (1) chevalier, seigneur de Caumont, Epagne, possédait la terre de *Puisenval*.

*Marchaumont.* — Suivant la charte de confirmation de la fondation de l'abbaye de Tréport (1145) la terre de ce lieu (*in terra de Marcelmortz*) appartenait alors à cette abbaye. C'est aussi sous le même nom de *Marcelmont*, que ce même lieu est mentionné dans une charte de l'abbaye de Foucarmont de l'an 1208.

(1) LAMIRÉ, originaire du Vimeu portait : *d'argent à la bande de sable accompagnée de six billettes du même.*

Au commencement du XVIᵉ siècle cette terre appartenait à la famille *Clausse*.

Le 25 janvier 1503 le fief de Marchaumont, le 1/2 fief de Monchy, et le 1/8 de fief de Folny, sis au même lieu, furent réunis par lettre d'Engilbert de Cléves, comte d'Eu, en un plein fief de Haubert en faveur de Jean Clausse, correcteur des comptes, qui les possédait tous trois.

La haute faveur dont la famille CLAUSSE, jouissait à la cour ne fut pas étrangère à ce que le comte d'Eu accordait au possesseur du fief de Marchaumont ; et grouper trois petites terres de son comté pour les réunir en un plein fief de Haubert n'était pas trop, car le nom de *Marchaumont* devait être porté haut par cette famille qui a produit en outre d'un évêque, trois évêques comtes et pairs de France, et deux grands maîtres et réformateurs-généraux des Eaux et Forêts de France.

Voici les noms de ces hauts personnages :

Jean, évêque de Senez (1561) fils de Jean Clausse, seigneur de Marchaumont dont nous venons de parler ; Nicolas Clausse de Marchaumont, évêque et comte de Châlons, pair de France, mort en l'année 1572 à l'âge de 28 ans. Il était fils de Cosme Clausse, chevalier, seigneur de Marchaumont, secrétaire des Finances, l'un des quatre secrétaires d'Etat que le roi Henri II. retint pour son règlement du 14 septembre 1547, auteur de la branche qui porta le nom de *Seigneurs de Marchaumont*.

Cosme Clausse de Marchaumont, qui succéda à son frère Nicolas, dans ses dignités d'évêque et comte de Châlons, pair de France, assista au sacre d'Henri III en 1575. Pour cause de maladie il fut représenté par l'évêque d'Orléans, à celui d'Henri IV en 1594 : et fit les fonctions de pair de France, au sacre de Louis XIII † en 1624. Henri Clausse également évêque et comte de Châlons, pair de France, neveu du précédent était fils d'Henri, grand maître des Eaux et Forêts de France, dont nous parlerons plus bas. Il avait succédé à son oncle en 1624 et mourut en 1640.

Henri Clausse, grand maître et réformateur-général des Eaux et Forêts de France, pourvu de cette charge en 1567. Il vit son fils aîné Nicolas, pourvu en sa survivance de cette même charge, mais celui-ci ne put l'exercer, la dite charge de grand maître et réformateur-général des Eaux et Forêts de France, ayant été supprimée en 1575.

CLAUSSE : *d'azur, au chevron d'argent accompagné de trois têtes de léopards d'or, emmuselées chacune d'un annelet de gueules.*

La durée de la terre de Marchaumont comme plein fief de haubert ne fut pas longue. En 1552 le fief de Monchy en était déjà extrait comme ayant été vendu à Richard Tardieu (1) par Nicolas Clausse, fils d'Engilbert Clausse, conseiller et procureur du roi ; et petit fils de Jean Clausse, correcteur des comptes.

Le 28 août 1579, le même Richard Tardieu rend « foy et hommage au comte d'Eu des fiefs de Marchaumont, Folny et Monchy, par luy acquits de Nicolas Clausse ».

La terre de Marchaumont passa ensuite dans la famille de Caqueray, puis dans celle de Monchy.

Le 13 février 1775, Jean-Joachim de Monchy, lieutenant-colonel de cavalerie, chevalier de St-Louis, seigneur de Pierrepont, le Mondion, acquit la terre de Marchaumont, de P. Ferd. de Caqueray.

En 1789, Joachim de Monchy fit construire le château de Marchaumont que des embarras d'argent et les troubles de cette époque, ne lui permirent pas d'achever. Faisant tout son possible pour payer les ouvriers, il chargeait une personne de remettre aux travailleurs dès qu'il le pouvait, le prix de leur salaire.

Tandis que cette personne s'acquittait de ce soin, Joachim de Monchy jouait du violon, disant aux ouvriers ne pas vouloir entendre dire qu'il donnait son argent en rechignant.

Comme tant d'autres, il émigra à la révolution.

(1) TARDIEU : *d'azur, au chevron d'or, surmonté d'une étoile du même et accompagné en chef de deux croissants d'argent ; et en pointe d'une croisette ancrée du second émail.*

En 1872, on découvrit dans le rideau du fonds Poulain, dans une sorte de four creusé en forme de poire renversée et entièrement dépourvu de maçonnerie, une fournée de chaux autrefois destinée aux travaux du château de Marchaumont. Cette chaux, malgré qu'elle était là depuis près d'un siècle, était encore très bien conservée. Une couche de terre qui la recouvrait en avait empêché la décomposition.

*Fresnoy.* — En 1503, Adrian du Puys, possédait ce fief assis ès paroisse de ce lieu.

Pour la possession de cette terre v. *Cloches du Pays de Bray*, tom. I p. 239.

*Le Doigt* ou *Dôuet.* — M. Delattre ancien maire de la ville d'Eu, étymologiste distingué, dit que *Douet* signifie cours d'eau, passage. Il naît en ce lieu une petite rivière qui flue dans l'Yères.

En face des prairies du Douet, un peu au-dessus du cours d'eau (côté Ouest) nous avons recueilli des débris de tuiles romaines et d'imbrices ; ainsi que quelques débris de vases de cette époque.

Romère du Douet, à l'occasion de ce que son fils Gilbert, prenait l'habit monastique à l'abbaye du Tréport, donne à ce monastère, du consentement et en présence de Raoul de Grandcourt, son seigneur, deux gerbes de dîme de sa terre du *Douet*, témoin : Aluride de la Leuqueue.

Osberne du Douet, pour son âme et celles de ses antécesseurs et du consentement de sa femme et de ses fils, donne également deux gerbes de la dîme qu'il possède en ce lieu.

En 1220, Guillaume du Douet et son fils Henri sont témoins d'une donation faite à l'abbaye de Foucarmont, par Vautier de Grandcourt.

Le 10 août 1479, Jean Foucault et Robin Pillet, cèdent le fief du Doigt à Robert de Bures, moyennant six livres de revenu annuel.

En 1581, Richard de Bures était seigneur du Doigt.

En 1661, cette terre était possédée par Louis de Bethencourt, seigneur du Quesnoy.

*Douxmesnil.* — 1/4 de fief sis à Fresnoy.

Cette terre eut ses seigneurs particuliers, dont nous rapportons quelques noms.

Raoul de Douxmesnil est avec Eustache de Grandcourt, cité dans une charte de l'abbaye de Foucarmont, comme propriétaires voisins de terres sises sur le territoire de Puisenval.

Richard de Douxmesnil est mentionné dans un acte de vente de 1569, pour une pièce de terre sise au terroir de Grandcourt.

En 1579, ce fief appartenait à Adrien de Pardieu, seigneur de Grattepanche, qui en rendit aveu le 25 août de la dite année. Son fils Jacques de Pardieu, écuyer, chatelain de Bailly-en-Rivière, seigneur de Maucomble, Grattepanche, Saint-Aignan, lieutenant de Gendarmes du comte de Saint-Pol, possédait également la terre de Douxmesnil que sa fille Suzanne porta en dot à Gédéon Picquet (1). Ce dernier vendit la terre de Douxmesnil à Louis Robert le Peigné (2), chevalier, capitaine aux Gardes françaises, et le fils de celui-ci, Louis-Charles le Peigné, seigneur de Douxmesnil, vendit cette terre le 10 avril 1736 à Nicolas Pierre Escallard de la Bellengerie, trésorier-général de la maison de Bouillon.

*Touffrecales.* — 1/4 de fief assis ès paroisse de Fresnoy.

Il y avait en ce lieu, qui eut ses seigneurs particuliers, une chapelle démolie depuis longtemps. Elle était sous le vocable de Sainte Vierge et à la présentation des seigneurs du lieu, qui y avaient leur sépulture.

La pierre tumulaire d'un des sires de Touffrecales, inhumé dans cette chapelle a été apportée de Touffrecales dans l'église de Fresnoy ; et encastrée dans la muraille de l'une de ses chapelles.

Nous devons à M. Winckler la reproduction de la figure du

(1) Picquet : *d'azur à la bande d'or, chargée de 3 merlettes de sable et surmontée d'une abeille du second émail.*

(2) Le Peigné : *de gueules à 3 peignes d'or, ceux en chef posés en chevron.*

chevalier, avec les ornements qui l'accompagnent et l'inscription qui l'entoure.

*Honfroy* ou *Onfroy*. — Cette terre a donné son nom à une famille, dont la *Chesnaye des Bois*, parle avec avantage dans son *Dictionnaire de la Noblesse*.

Onfroy de Suraumont, fils de N. Onfroy, qui vivait en 1094, assista à la première croisade et s'empara du château fort de Thoron, près de Nazareth, dont lui et plusieurs de ses descendants prirent le surnom. Son fils Onfroy, dit *Thoron*, commanda en 1150 l'arrière-garde de l'armée des croisés et défendit Antioche contre le Sultan. Il devint connétable de Jérusalem et mourut en 1167.

Onfroy, troisième du nom, fut marié en 1174, à Melisande fille cadette d'Amaury, roi de Jérusalem, laquelle n'avait alors que neuf ans, mais dans la suite, Philippe de Dreux évêque de Beauvais, qui aussi assistait à la croisade, cassa ce mariage. Melisande épousa successivement le marquis de Montferrat et le comte de Champagne, ce qui indigna tellement Onfroy, qu'il rentra en France. Après sa mort et celle de Melisande, les Pairs du Royaume rendirent à Melun, en 1227, un arrêt par lequel les enfants de Melisande, issus de ses second et troisième mariages furent déclarés batards.

L'auteur du *D ctionnaire de la Noblesse*, dit qu'il a existé dans l'église de Puisenval, une épitaphe de l'an 1402 d'un membre de cette famille, à qui son mérite dans la guerre l'avait fait surnommer *Lutin*.

En 1380 Engrand Onfroy, écuyer, était seigneur d'Onfroy, Puisenval, au comté d'Eu et Verchocq, en Boulonnais, son petit-fils Onfroy-Taupin, épousa à Londres en 1459, Betzy Roger, petite-fille par sa mère du célèbre Thomas Morus. La descendance de Onfroy-Taupin, se fixa en Angleterre où elle changea de nom à cause des guerres de religion.

Les membres de cette famille fixés en Boulonnais, prirent le nom *de la Barre*. Plusieurs ont possédé le fief d'Onfroy.

*Richeval*. — Par lettres patentes du 28 octobre 1722, le duc du Maine érigea sous le nom de *Richeval* un 1/4 de fief de

PIERRE TOMBALE DU SIRE DE TOUFFRECALES.

*(Dans l'Eglise de Fresnoy-Folny)*

haubert, en faveur de François de Verton, écuyer, secrétaire du roi, maison et couronne de France. Ce fief assis ès
paroisse de Puisenval et Grandcourt consistait en maisons,
cours, bâtiments et jardins, masures, terres labourables et non
labourables, prés et bois. Il était tenu à 19 livres, 7 sols,
8 deniers et 4 chapons de rentes seigneuriales.

*Du Prez* — sis à Grandcourt, touchait à la rivière du Douet.
Au temps d'Henri II, comte d'Eu cette terre appartenait à
Alleaume d'Outremecour, mais les comtes d'Eu ayant toujours
joui du droit de moulte sur ce fief, Henri le céda à l'abbaye
du Tréport.

Témoins : Thomas de Brienchon, Enguerand de Fressenneville, Richard de Pierrecourt, etc.

En 1735, le revenu annuel de cette partie de fief, qui
toujours appartenait à l'abbaye du Tréport, était de 5 livres
10 sols.

*Longroy.* — Assis à Guilmecourt.

En 1570, Laurent de Villy rend aveu de ce fief, dont la redevance était de 16 livres et une paire d'éperons blancs évaluée
4 solz.

Le 9 juillet 1582, Laurent de Villy étant décédé, sa veuve
Jeanne Grippon, rend aveu du même fief.

Suivant l'inscription de la cloche de Derchigny, Jean de
Clieu, lieutenant du bailliage d'Arques, était en 1725, seigneur
de Neufvillette, Derchigny, Cornillon, *Longroy*, etc.

En 1767, ce fief appartenait à N. de Breauté.

*La Londe.* — En 1502, ce fief s'étendait « ès paroisses de
Fresnoy, Grandcourt, Villy et Folny » et était possédé par
Adrian du Puys.

Pour la possession de cette terre au XVIIIe siècle, v. *Cloches
du Pays de Bray*, tom Ier p. 239.

On remarque à la Londe, dans un carrefour formé par les
chemins de Touffrecales, les Ifs et celui allant vers Blanques
une croix en tuf du XIVe siècle. Cette croix dont nous donnons
ici le dessin, a été brisée, et est entourée d'un cercle en fer

*Le Hamel.* — Le 31 juillet 1677, Edouard du Bosc fils d'Adrien, avoue tenir la franche vavassorie de ce lieu assise ès paroisse de Grandcourt. Cette vavassorie jouissait des droits de colombier, *tor* et *ver*.

*Caude-Cotte* ou *Cotte-Cotte.* — Vavassorie sise paroisse d'Avesnes, était au XVIe siècle dans la maison de Saint-Ouen (v. p. 13).

En 1780, François-Florent d'Hocquelus, écuyer, était seigneur de *Caudecoste*, Maisoncelles, etc. Il avait épousé Marie-Madeleine Burgos. De cette union : Marc-Fr. L. d'Hocquelus, écuyer, seigneur de Caudecoste.

Hocquelus : *d'argent au sautoir de gueules engrelé de sable.*

La vicomté de Grandcourt, est avec celles de VII-Meules et de Criel, mentionnée dans une charte de l'abbaye de Tréport de l'an 1151.

Nous avons précédemment cité le nom de Pierre de Grandcourt, *prévot* (v. p. 41). L'emplacement de la maison où siégeait cet officier de justice est indiqué par une inscription placée dans la muraille de *l'Hôtel de l'Aigle* et qui est ainsi conçue :

ICI EST LA MAISON DE
LA PRUVOSTÉ DE GRAND
COVRT BASTIE PAR MOI
BRVBIER LAN 1678

# ÉGLISE

ET

# CIMETIÈRE

'emplacement sur lequel est édifiée l'église de ce lieu, rappelle des souvenirs plus anciens que cet édifice religieux n'offre de traces des âges reculés.

Dans les murailles de la nef on remarque quelques tufs du XIe siècle et des traces peu nombreuses du XIIIe. Suivant l'avis émis par M. l'abbé Cochet, les arcades de la nef datent du XIIIe ou du XIVe, on distingue encore sur le côté gauche, l'arcade d'une porte latérale datant du XVIe siècle, mais supprimée il y a cinquante ans.

Les remaniements successifs que dans son ensemble cette église a eu à subir depuis un demi siècle, ont beaucoup modifié le coup d'œil que l'édifice primitif pouvait offrir.

Si nous passons sous silence les chapelles de la Vierge et de St-Nicolas, qui ont marqué les débuts de ces travaux, heureusement continués avec un goût plus satisfaisant, nous mentionnerons dans le chœur le placage en marbre blanc qui l'entoure, les trois verrières à sujets placées dans l'abside, les boiseries de l'entrée du chœur et aussi dans la nef une belle chaire. Nous ne pouvons parler du clocher, autrefois entre chœur et nef et depuis bientôt trente ans placé au bas de l'église. Notre silence est motivé par la part active que nous avons prise à cette reconstruction.

Cette église possède un mobilier d'une richesse et d'un bon goût qui la font classer parmi les plus magnifiquement ornementées de la contrée.

Après avoir parlé des choses de notre époque, revenons à celles qui sont d'un intérêt supérieur pour l'histoire et par lesquelles nous aurions peut être dû commencer.

Dans le chœur est l'inscription suivante et ainsi disposée :

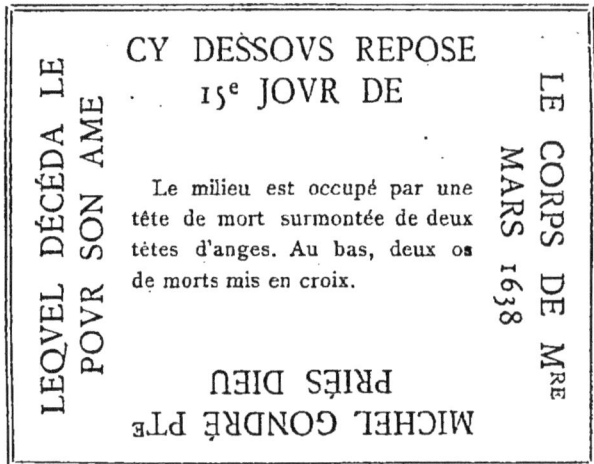

```
CY  DESSOVS  REPOSE
       15e JOVR DE

LE CORPS DE Mʀᴱ
MARS 1638

LEQVEL DÉCÉDA LE
POVR SON AME

Le milieu est occupé par une
tête de mort surmontée de deux
têtes d'anges. Au bas, deux os
de morts mis en croix.

PRIÉS DIEU
MICHEL GONDRÉ PTᴱ
```

Sur un des piliers de la chapelle Saint-Nicolas est l'inscription commémorative de la dédicace de cette église. Elle est ainsi conçue :

ꙇ'an ꙮe grace mil iiii<sup>cc</sup> iiii<sup>xx</sup>ii le xvi jo<sup>r</sup> ꙮe juin fut ceste église c̄osacrée et benite p. reveret père en ꙮieu mons. maistre robeꝝt clemet doct<sup>r</sup> en theologie évêque ꙮypoñesse religieuɮ ꙮe sainct augustin ꙮe rouen en la p. ssēc̄e ꙮe messire jacques a mouri curé ꙮe la ꙮite église guillāc̄ ꙮe briēchon escuier jebā lescuyer noluet morat tresoriers et plu<sup>r</sup> autre.

Jacques de Brienchon était d'une ancienne famille du comté d'Eu, dont nous avons eu souvent à parler au cours de ces recherches.

Le cimetière qui entoure l'église, est un des plus anciens lieux de sépulture de la contrée. Situé sur une éminence, on y accède par un long escalier dont les degrés sont en grès. L'ancienne croix de paroisse sert pour la première marche ! Un cimetière mérovingien a existé en ce lieu. Les nombreux et importants déblais de terrain, qui ont été faits de deux des principaux côtés de ce tertre, ont mis à découvert des tombes de l'époque franque.

Nous avons recueilli des vases en terre, des armes, des plaques de ceinturon, une boucle en fer, etc. Ces divers objets sont déposés au musée départemental.

Nous rapportons ici une liste des curés de Grandcourt depuis le XII<sup>e</sup> siècle jusqu'à la fin du XVIII<sup>e</sup> et telle que nous avons pu la composer.

1185. — Maurice, curé de Grandcourt, est cité dans une charte de l'abbaye de Foucarmont, de l'an 1185, dans laquelle Roger de Sauchay, donne à ce monastère une acre de terre sise à Aubermesnil.

1262. — Abraham, dit *le Maître*. Ce prêtre était bailli de Dieppe en 1258. Il fit le 21 juin 1262 un compromis avec les religieux de l'abbaye de Tréport, au sujet des dîmes de

Grandcourt et de Puisenval. Parmi les lieux-dits cités en cet accord, on remarque celui de la haye *Tourneiche* (Tourniche).

Dans plusieurs actes de ventes et d'héritages, faits en 1258 et années suivantes par des bourgeois de Dieppe, à Eudes Rigaud, archevêque de Rouen, maître Abraham, est qualifié de *curé de Grandcourt*, principalement dans celui où sont rapportés les noms « de ceulx qui tiennent les IIII fieux (fiefs) « qui doivent services de chevaliers et fairent les jugements « crimineulz aux assises de Douvrent... Jehan d'Estrimont, « Robert de Montégny (Montigny)... damoiselle Jehanne, « deguerpie (veuve) de Jehan Lenglois, heritière aisnée de « feu Guillaume de Monthuit, Guillaume de Berengierville « (Bellengreville). » — *Arch*. de la S. I. G. 869 et 870.

1272. — Robert de Silvanecto (v. pag. 72).

1482. — Jacques Amouri, c'est par l'inscription de consécration de l'église, que nous connaissons le nom de ce prêtre (v. pag. 65).

1578. — Raoul Baretin ? vicaire.

1588. — Olivier de Lobel, curé. Issu d'une famille qui habitait Puisenval, l'abbé de Lobel, encore curé de Grandcourt en 1638, avait fait en 1608 la donation de cinquante deux sols de rente, en faveur de l'église de ce lieu. Cette donation est rapportée en une inscription obituaire, placée dans le chœur de la dite église.

1646-49. — Louis Du Bus.

1649-78. — Simon Du Bus. Ce prêtre signe d'abord quelques actes de l'État-civil (1649-50), puis successivement ses vicaires, Jacques Fizelier 1649-61 ; Pierre Auvray 1661-67 ; Joachim Bernard 1668 ; Henri Langlois 1669 ; Liévin Taquet 1669-73, font les baptêmes, les mariages et les inhumations.

Enfin, en 1673 l'abbé Simon Du Bus reprend ses fonctions curiales, ainsi qu'en font foi les actes signés par lui jusqu'à fin décembre 1670. Il décéda en janvier 1678 et fut inhumé dans le chœur.

1679-85. — François Conseil. Du temps de l'abbé Conseil, le vicaire était chargé de faire l'école. A ce sujet la fabrique louait à la paroisse un logement au prix de treize livres quinze sols par an et quarante et un sols pour le jardin (1680-90).

1686-1708. — Delavallette. Le dernier acte signé par ce prêtre est du 14 août 1708.

1709-19. — Vallet, curé de Grandcourt et doyen de Foucarmont.

1720. — Louis de Blangrenon, docteur en Sorbonne, mort après 1730 et inhumé à l'entrée du cimetière en face la grande porte.

L'abbé de Blangrenon avait légué à son église divers ornements parmi lesquels : une chasuble en damas vert, une autre en moire de soie violette, une troisième en damas blanc avec bande et croix en damas rouge, à fleurs d'argent, un devant d'autel à bandes de damas rouge, à fleurs d'argent et bandes de damas blanc, le tout pareil à l'ornement et qui sont garnis de « gallons sur dorez ».

Ce legs était fait à la charge de faire prier Dieu pour le repos de l'âme du dit prêtre, et de faire dire *au moins une messe chaque année*, à perpétuité.

1735. — Charles-François de Savoye.

1736-52. — Le Goueslier de Montcarel.

1761-85. — Le Caruyer de Cretot. En 1778 et années suivantes, ce curé fit faire les bancs de la grande allée et ceux des latéraux, tels qu'on les voit encore.

L'abbé de Cretot est l'auteur d'une proposition qui a sa place dans les annales de la commune.

Le 5 décembre 1779, le curé, les principaux propriétaires, marguilliers tant anciens que modernes et autres habitants du bourg, réunis sur la demande faite par M. le curé, d'avoir un magister pour l'aider dans l'administration des sacrements, le chant de l'office, la propreté de l'église « et surtout pour l'instruction de la jeunesse si essentielle au bien de la religion et des familles », il est décidé que la somme de soixante huit livres, prélevée sur les fonds de la fabrique au profit du vicaire, jusqu'alors chargé de faire l'école, sera reversée au magister. Mais cette somme étant sur l'observation de M. le curé *recon-*

nue insuffisante pour trouver un bon magister, qui ne peut guère subsister à moins de deux cents livres.

En outre, la fabrique fera construire une petite maison. Il est décidé à ce sujet qu'un placet sera adressé à M. le duc de Penthièvre, pour lui demander de venir en aide à la fabrique.

Le duc de Penthièvre ayant accueilli favorablement cette demande, il accorda à ce sujet une somme de cinquante livres à donner chaque année, et les choses furent décidées ainsi qu'il suit :

Vingt livres à prendre sur les fonds de l'église, cinquante données par M. le duc de Penthièvre, quatre-vingt livres payées par la fabrique. Soit un total de cent cinquante livres, en plus le casuel et les écoles payées. Quant à la maison voici les dispositions arrêtées :

« La maison divisée en trois parties aura un total de trente-neuf pieds de long, dont quatorze pieds pour la maison, quinze pieds pour l'école et dix pour le cellier.

« Une double cheminée sera construite tant pour la cuisine que pour l'école. La maison aura deux fenêtres *et de même pour l'école* ; et chacune une porte *à seuil trainant*.

Continuons ces détails par la production de la quittance ci-dessous, délivrée par le premier titulaire.

Cette maison d'école dans laquelle nous avons été en classe en 1837 et années suivantes, était édifiée près du ravin par lequel on montait à l'église. Depuis elle a été déplacée et transformée pour servir à l'école des filles jusqu'en 1872.

Ce qui précède nous démontre suffisamment ce qu'était alors un poste, que n'envierait pas de nos jours l'instituteur du moindre de nos hameaux, tant sur le rapport des émoluments que sous celui du logement. Car il y a loin de la maison d'école dont nous venons de parler, a celles coûtant vingt, trente et même quarante mille francs dont l'administration *gratife* la plus ordinaire des communes rurales.

Et cependant malgré ces folles dépenses, l'architecte arrive b en rarement à réunir l'utile à l'agréable.

Et avec cela les élèves valent-ils mieux, les maîtres travaillent i s autant ; et les générations apprennent-elles en ces *chers* endroits à conserver ce que, à une époque qui n'est plus, faisait alors la force de la société ?

Si la belle cage ne nourrit pas l'oiseau, la belle maison ne fait pas l'homme ?

# PAROISSE & COMMUNE

L A commune de Grandcourt, telle qu'elle est aujourd'hui comprend cinq anciennes paroisses :

*Grandcourt, Déville, Ecotigny, La Pierre et Pierrepont*, qui toutes avaient leur église et leur place publique, sur laquelle était un *bouloir* ou jeu de boule.

Ces cinq anciennes paroisses sont réparties en dix-sept hameaux, plus le chef-lieu de la commune.

Nous rapportons d'après le *Polytycum Rothum. diocesis*, divers documents concernant ces anciennes églises au XIII° siècle.

*Grandcourt.* — Au temps d'Eudes Rigaud, archevêque de Rouen, la paroisse comptait CX paroissiens et la cure valait IIII^xx et X livres. Robert de Silvanecto, curé.

*Deville.* — V. pag. 17.

*Ecotigny.* — XXX par. val. XX liv. Gauthier d'Ecotigny présenta Richard, prêtre, à l'archevêque Pierre de Colmieu.

*Pierrepont.* — XXX par. val, XVI, Richard, prêtre.

*La Pierre.* — XXIII par. XI liv. Henri, seigneur de la Pierre présenta Bernard, prêtre, à l'archevêque Gauthier de Flava-court.

Voici les noms des hameaux composant cette commune :

*Deville, La Bassée, La Pierre, les Fenêtres, Le Marais, La Baronnie, Ecotigny, Pierrepont, Sainte-Catherine, Langlce ou Nouveau-Monde, Le Mondion, Le Mont-Quanton ou Canton, Marchaumont, Le Hamel, Maurepas, La Hetrelle, Le Douet.*

Nous joignons à cette longue liste quelques détails histo-riques concernant plusieurs de ces hameaux.

Nous rapportons la population en 1806 et en 1820 de Déville, La Pierre, Ecotigny, Pierrepont et Grandcourt, c'est-à-dire aux époques où ces diverses localités jouissaient encore cha-cune de leur titre de paroisse.

Deville en 1806 comptait dix-sept feux, en 1820, soixante-douze habitants.

La Pierre en 1806 comptait 13 feux, en 1820, 54 habitants.

Ecotigny en 1806 comptait 12 feux, en 1820, 52 hab.

Pierrepont en 1806 comptait 30 feux, en 1820, 128 hab.

Grandcourt en 1806 comptait 84 feux, en 1820, 336 hab.

Après 1822, les cinq paroisses étant réunies en une seule, Grandcourt comptait en 1868, 807 habitants et en 1896, sa population n'était plus que de 621.

## LA PIERRE

Etienne de la Pierre, fut un des témoins de la donation faite en 1151, du prieuré d'Hastings, par le comte d'Eu Jean Ier, (v. p. 24),

Abraham de la Pierre, est avec Nicolas de Criel et Goscelin, fils de celui-ci, témoin d'une donation que Roger Bailleul de Foucarmont, fait à l'église Saint-Michel de Tréport ; et qui consiste en une dîme qu'il possède à Foucarmont ; et en deux hôtes qu'il avait à Tréport.

L'an de l'Incarnation 1101, les pêcheurs de Tréport, prirent dans le temps pascal, un esturgeon, Ils vinrent après la pêche trouver l'abbé Osberne et lui offrirent leur capture, l'abbé les félicita et se rendit vers le bateau pour aller voir le poisson capturé, qu'il commanda de porter à l'abbaye selon la coutume. Mais le prêtre Gilbert, intendant des Eaux du comte, s'y opposa et fit de force enlever le poisson.

L'abbé réclama près du comte et lui présenta un placet, où il établit que le poisson était sa propriété. Le comte convaincu abandonna le poisson au monastère. Témoins : Gerold, dapifer ; Geoffroy d'Envermeu, *Abraham de la Pierre*, Anscher de Monchaux, etc.

Parmi les chevaliers de la *baillie de Roen*, qui vinrent en 1271 en l'ost de Foix, Laroque cite *Guillaume de la Pierre* « pour Henri de Desville, qui doit quarante jours ».

Le 10 avril 1518, Thomas de Morand seigneur de la Pierre, échange avec David de Pardieu cette terre qui était tenue à la redevance d'une paire d'éperons dorés, contre un ténement de maisons sises à Eu, paroisse Notre-Dame et deux pièces de prés situées à Pont.

Cet échange ne fut probablement pas ratifié, quoique David de Pardieu ait rendu aveu du dit fief le 13 décembre de la même année, car le 23 octobre 1523 le dit fief de la Pierre fut « saisy réellement » sur Thomas de Morand et adjugé à N. de Fautereau.

En 1581, Jean de Fautereau, abbé de Sery, était seigneur de la Pierre.

Le 3 mars 1605, Jean de Fautereau, obtient des Eaux et Forêts du comte d'Eu, que son droit de panage pour sa terre de La Pierre soit fixé à douze porcs.

En 1612, Jacques de Fautereau, aussi seigneur de ce lieu, fut le parrain de l'une des cloches de l'abbaye de Sery.

Sa fille Marguerite, fut mariée à Pierre de Malevende, seigneur de Puisenval (v· *Cloches du Pays de Bray*, tom. Ier, p. 208).

De cette union qui fit entrer la terre de la Pierre dans la famille de *Malevende* ou *Malevente*, naquit Jacques de Malevende, époux de Marguerite de Saint-Ouen, fille de Nicolas

de Saint-Ouen, écuyer, seigneur de Folny, Humesnil, Boquestan, etc., qui le rendit père de Marguerite, mariée à N. Gaude
de Martainneville. C'est à la suite de ce mariage que les terres
de La Pierre et du Val-du-Roy entrèrent dans la maison
d'Hunolstein, (voir *ouvr. cité*, même tom p. 232 et *suiv*).

*La Bassée.* — La ligne de séparation des arrondissements
de Neufchatel et de Dieppe passant près le seuil de la première maison de ce hameau, formé de plusieurs habitations,
il n'y a que cette maison qui est sur Grandcourt, ses dépendances étant sur Villy.

*Maurepas.* — En ce lieu, dans la plaine vers Folny, existent
des vestiges d'habitations romaines. Nous y avons recueilli
des tuiles romaines, des débris de vases en terre grise. Du
côté opposé, près le Bardemont, nous avons trouvé un grand
nombre de silex taillés, parmi lesquels plusieurs belles hachettes. Non loin de là, sur le revers du coteau, une tirelire
formée d'un caillou renfermait plusieurs pièces romaines de
divers règnes. Il y en avait un certain nombre en bronze et
une vingtaine en argent. Toutes ont été dispersées par celui
ayant fait cette trouvaille.

En face des terres de Maurepas, du côté opposé au-delà du
même vallon, mais sur le territoire de Folny et près des her-
bages de ce lieu, une habitation romaine a été découverte dans
une partie de bois défriché.

Cet endroit est couvert de gros cailloux, mortier, débris de
tuiles et faitières, de vases en terre grise, le tout mêlé à des
cendres et à des charbons.

*Pierrepont.* — L'étymologie du nom de cette ancienne
paroisse se trouve dans ces deux mots : *pierre* et *pont*.

Autrefois il y avait en ce lieu deux ponts formés avec des
grès dont les appuis étaient aussi de cette même sorte de
pierre.

L'un formé de deux *arches* seulement, existe encore sur le
ruisseau allant au marais. L'autre plus important était jeté sur
la rivière à l'endroit où l'on passe encore à gué. Ce pont était

pareil à celui également sur l'Yères, à Béthencourt et qui a été démoli en 1896.

A cent mètres du petit pont du marais et dans les terres, nous avons remarqué des restes de murailles et recueilli des débris de tuiles romaines et des vases de la même époque.

· Les *Mémoires Mss* du comté d'Eu font mention « des *grais* qu'il y a dans les champs aux environs de Pierrepont, où le fer de la charrue est souvent émoussé par la rencontre de ces *grais* ».

« Dans une futaye aux environs de Sainte-Catherine, des grés ont été tirés en 1750 pour servir à la construction du château de Romesnil, que fit bâtir Mgr le prince de Dombes. Dans ces mêmes parages on en a aussi retirés pour les soubassements de la verrerie à bouteilles de Sainte-Catherine comme pour celle à manchons de Romesnil ».

Les grès pour le pavage de la route de Rouen à Saint-Omer dans la traversée de Blangy, proviennent des environs de Sainte-Catherine. Le roi Louis-Philippe, dès les premières années de son règne, en avait autorisé l'extraction afin de faciliter l'exécution de ces travaux.

Les lieux dits où il y a le plus de grès sont : la Grande Pièce, le Grand-Leu, l'Amourette et Langlée

Nous terminerons ce qui est de ce sujet, en rapportant la charte suivante extraite du cartulaire de Foucarmont.

A tous ceux à qui viendra le présent écrit, Robert de Pierrepont, chevalier, Hugues, son fils et Aëlis son épouse, salut.

Que tous sachent que nous donnons et concédons à Dieu et à la B. Marie, et aux moines de Foucarmont qui servent Dieu en cet endroit, en pure et perpétuelle aumône, pour le salut de nos âmes, dans toute l'étendue de notre terre, les pierres vulgairement appelées *grés*, à l'exception de pierres de *Larkissa* (liez ?) nous leur donnons aussi et concédons le chemin dans toute notre terre, partout où elle ne sera pas occupée par le blé. Et comme ratification et confirmation d'ice le donation à perpétuité, nous avons jugé à propos de la fortifier de l'apposition de notre sceau.

— 76 —

Robert de Pierrepont et son frère Geoffroy, sont aussi cités parmi les bienfaiteurs de l'abbaye de Tréport, lors de la fondation de ce monastère (1036).

Vers 1485, Valeran d'Ongnies, chevalier, baron de Longroy, bailli et gouverneur du comté d'Eu, seigneur de *Pierrepont*, à cause de Marguerite de Soissons, sa femme, dame de *Pierrepont*, présenta à la cure de ce lieu, Jehan Prouvier, prêtre. Cette cure valait alors vingt-cinq livres et comptait trente-quatre paroissiens.

Marguerite et Valeran, son époux, fondèrent ensemble en 1498 le couvent des cordeliers de Notre-Dame de Saint-Riquier près Pierrepont. — *Le P. Anselme*, tom. VI p. 719. D.

En 1583, suivant les visites patronales du diocèse de Rouen, cette paroisse avait pour curé l'abbé Colas « cinquante-cinq ans, pieux, docte, aumonier et de grand exemple. Il envoie les enfants à l'escole à Ecotigny ». Décédé à l'âge de quatre-vingt trois ans le 4 septembre 1715, ce prêtre fut inhumé dans l'église du lieu par l'abbé Vallet, curé de Grandcourt et doyen de Foucarmont.

Au lieu dit *la Croix d'Ecotigny*, existait une léproserie. Nous avons vu en ce lieu des restes de murailles et constaté un certain nombre de squelettes.

Au sujet de cette léproserie, hopital ou maladrerie, voici ce que nous avons relevé dans les *Arch. du château d'Eu* : « La maladrerie de Pierrepont, de présent réunie à l'hôpital de Blangy, tient de la dite seigneurie une pièce de terre de quatorze acres bornée d'un côté au chemin *d'Aumale à Gamaches*, d'un bout le chemin *d'Eu à Foucarmont*, sur laquelle il y avait des bâtiments, et passe à travers *la voye aux vaches*.

La pièce de terre encore dite *les quatorze acres* est traversée par la route de Blangy à Envermeu. En ce lieu, la charrue heurte souvent à des débris de murailles. Le chemin d'Eu à Foucarmont passant par le *fonds du Baron*, passait à la *croix d'Ecotigny*.

Le nom de la *voye aux vaches*, était donné à un chemin par

lequel les habitants de Pierrepont ayant droit d'usage, condui-
saient les bestiaux à la forêt.

Pour la possession de la terre de *Pierrepont* et celle du
*Mondion*, (voir *Cloches du Pays de Bray* tom 1er p. 240, 241
et 266, tom II, p. 307 et *suiv*.)

En 1774, il y avait un magister à Pierrepont. La fabrique
lui payait par chaque année, vingt livres *pour sa condition*.

*Le Mondion*. — Ce lieu a donné son nom à une famille du
comté d'Eu, dont est issu Jehan de Mondion, cité dans un
aveu du 4 septembre 1581, concernant le fief de Pierrepont.

Jehan de Mondion, fut reçu chevalier de Malte en 1602.

Les armes de cette famille sont encore représentées au-
dessus d'une croisée dans l'église de Pierrepont.

*Langlée* ou *Nouveau-Monde*. — Cet écart prit naissance
avec le XIXe siècle et il aura vécu pour la fin. Il y avait une
carrière à grès en ce lieu.

*Sainte-Catherine*. — Le 17 juin 1776, le duc de Penthièvre
accorda à N. de Caqueray, sieur de Fontenelle, la permission
d'établir en ce lieu une verrerie à bouteilles ; et cinq acres de
forêt lui furent fieffées pour élever cet établissement. Trois ans
plus tard cette concession fut augmentée de deux vergées,
trente perches.

Dès 1778, cette usine était en activité, car les actes de l'état
civil de la paroisse de Pierrepont font mention d'un décès qui
eut lieu à la *verrerie de Sainte-Catherine* le 4 août de la dite
année, et en l'an 7 de la République il est aussi fait mention
de la naissance « d'une enfant femelle à Charles Queval, bou-
teiller *en vers* à Sainte-Catherine ».

La maison forestière qui est en ce lieu existait dès 1785,
époque où il y avait un garde général. Cette garderie générale
fut conservée jusqu'en 1874, lors du partage des biens de la
famille d'Orléans.

A cette époque, la forêt d'Eu partagée en trois lots : l'un à
M. le comte de Paris, l'autre à M. le duc de Chartres, enfin le
troisième à M. le duc d'Aumale qui racheta la part du duc de
Chartres, pour après sa mort laisser ces deux parties à M. le

duc d'Orléans en faveur duquel il avait déjà, lors du partage des biens du comte de Paris, racheté la part dessus dite, de manière qu'en ce moment la forêt d'Eu est entièrement la propriété de M. le duc d'Orléans, cette forêt dont le revenu a dépassé 400,000 francs ne produit plus annuellement malgré les coupes *précipitées*, que la somme de 300,000 francs.

Et avec ce genre d'exploitation il n'y a plus à espérer de voir un arbre de deux siècles d'âge !

La position admirable de la maison forestière de Sainte-Catherine, dont la vue se développe non seulement dans la vallée, depuis les sources de l'Yères jusqu'à son embouchure dans la mer, mais s'étend sur le plateau qui domine cette vallée, comme dans les nombreux vallons qui viennent y aboutir, fait de cette maison forestière un des plus beaux rendez-vous de chasse des princes d'Orléans.

Lors du voyage de la reine d'Angleterre, à Eu, en septembre 1842, le roi Louis-Philippe, offrit à Sainte-Catherine un goûter à S. M. Britanique et à son époux le prince Albert.

Sous la futaye, à côté de la pelouse une terrasse fut disposée pour y placer deux tables : l'une pour les deux familles royales et les premiers personnages de leur cour, l'autre pour les principaux de leurs suites.

La foule — dont je faisais partie — accourue de tous les villages des alentours, et qui n'était pas alors accoutumée à voir de ces sortes de service, que de nos jours la bourgeoisie même se paie dans ses grands repas de famille ; remarquait avec étonnement que chaque personnage avait devant lui, une carafe d'eau accompagnant plusieurs bouteilles de vin et des verres de diverses grandeurs.

Ce qui attirait surtout notre attention, c'était les valets de service passant avec leurs plats derrière chaque convive, mais offrant les mets avec des intonations et des gestes divers, suivant tel ou tel personnage, ce qui se répéta à la fin du repas en présentant les vins fins et les liqueurs.

Après le repas, les restes de la table ainsi que des petits

pains, de la charcuterie et des barriques de vin nous furent distribués.

Le temps a passé et pour beaucoup de personnages princiers alors réunis à Sainte-Catherine, il a accompli son œuvre.

Louis-Philippe, la reine Amélie, le prince Albert, les ducs de Nemours — qui montait un cheval dont la robe blanche était comme diaprée de ronds rouges et bruns — de Montpensier et d'Aumale sont morts, seuls la reine Victoria et le prince de Joinville existent encore.

Quant au commun des mortels, habitant cette riante vallée de l'Yères, Dieu seul en son saint paradis, peut dénombrer ceux qui sont aujourd'hui en son céleste pourpris.

Monsieur et Madame la comtesse de Paris, aimaient à venir chasser dans cette partie de la forêt d'Eu.

En 1884, un jeune prince d'Orléans faillit voir le jour à Sainte-Catherine. Madame la comtesse était à la chasse dans le triége du Père André, lorsqu'elle ressentit les premières douleurs de l'enfantement.

On laissa les invités à leurs occupations cynégétiques, et le médecin qui suivait la princesse, après avoir pensé à la maison forestière qui était près de là, crut pouvoir conseiller de rejoindre le château d'Eu ; où quelques heures après l'arrivée de sa mère, le jeune prince Ferdinand-François-Philippe faisait son entrée dans le monde.

Ce qu'est le monde ?

En 1842, la reine Victoria faisant visite au roi des Français descendait à Tréport à bord de son yacht *Victoria-and-Albert*. Le roi Louis-Philippe, en considération de cette visite qui lui était des plus agréables, donna le nom de *carrefour Victoria* à un endroit de la forêt de Montauban qui alors unissait les deux parties de la haute forêt d'Eu.

Mais moins de vingt ans plus tard, cet endroit de forêt dit *bois de Montauban* était vendu et ensuite défriché. Aussi le carrefour Victoria est-il passé à l'état de souvenir.

Le 24 juin 1886, celui que dans notre simplicité, mais sincèrement et avec vérité, nous dirons avoir laissé la réputation

d'honnête homme et de bon père de famille : Monsieur le
comte de Paris, montait à Tréport, à bord du navire *Victoria*,
et quittait ainsi la France pour aller mourir sur la terre d'exil !

Revenons à Sainte-Catherine. Monsieur le duc d'Aumale en
visitant cette forêt qu'il venait de donner à son neveu Monsieur
le duc d'Orléans, descendit deux fois à cette maison forestière, où vient chaque année depuis près de dix ans Monsieur
le prince de Joinville lors des chasses au sanglier, que cet
intrépide chasseur octogénaire, ayant son vautrait au Cornet,
organise chaque année dans cette contrée.

# ADDITIONS

Marie de Cuverville, fille de Geoffroy, donne à l'église Sainte-Marie d'Eu, pour l'amour de Dieu et pour l'âme de feu Jean de Puchervin, son mari, cinq sols de cens dûs par Enguerand Peuvrel. Cette donation est faite en présence de Guillaume Strabon et fut confirmée par Henri, comte d'Eu, fils de Jean.

Nous avons dit à la pag. 6 qu'Aëlis de Monchaux, femme de Robert de Deville, fut admise à la confraternité de prière par les religieux de l'abbaye de Sery.

Voici la charte extraite du vol. P. 30 *biblioth. de Ste Geneviève,* qui se rapporte à ce fait :

Sachent tous, tant présents que futurs que moi Aëlis de Deville, pour le salut de mon âme, j'ai donné et concédé aux frères de l'église de N.-D. de Sery, dont j'ai été faite sœur, en perpétuelle anmône, deux hôtes que je possédais à Bordeville, de droit héréditaire, savoir : Durand de Radepont et Jean, son neveu. En telle sorte que tout ce que les sus dits hommes avaient coutume de me rendre, tant en impôt qu'en hommage, eux et leurs successeurs seront tenus de le rendre aux sus dits frères ; et de la même manière.

. Les sus dits sont tenus aux redevances suivantes : 14 mines d'orge, 10 mines d'avoine, une demie mine de froment.

A noter que les sus-dits devront faire chaque année pour moi un anniversaire. Jean, seigneur de Monchaux, mon frère, a approuvé cette donation. Témoins : frère Guillaume, de Monchaux ; frère Pierre d'Abbeville, chanoine.

Fait l'an 1209.

Nous citerons pour faire suite à ce sujet, et pour compléter autant que possible ce qui se rapporte à la famille de *Monchaux*, l'extrait suivant, tiré de l'ouvrage ci-dessus mentionné :

« Sur une tombe de pierre grise, très dure et polie, qui étoit
« anciennement au cloître, proche la porte du chapitre et à
« présent dans le sanctuaire de l'église, est représentée une
« demoiselle assez jeune, avec l'écusson de ses armes qui
« sont celles des anciens seigneurs de Moncheaux, sont gravés
« ces mots :

« *Cy gist Damoiselle Aëlis de Montcheaux qui trépassa l'an*
« *de grâce M. CC. IIIIXX et le XV le diemanche après la*
« *Saint Jean Decolace, Dieu luy face pardon. Amen.*

*Page 13.* — Au lieu de XIVe siècle, il faut lire première moitié du XVIe siècle.

Andrieu de Bourbel, chevalier, seigneur de Montpinçon, Limesi, Bois-Michel, etc, épousa en secondes noces Andrée de Gouvis. Andrieu étant mort après 1521, Andrée sa veuve, se remaria à Jean de Saint-Ouen, chevalier, seigneur de Saint-Ouen. Tous deux firent ériger ce sépulcre qui porte leurs armes.

Andrée de Gouvis, vivait encore en 1532. A cette époque elle fit une donation à Alard de Bourbel, chevalier, seigneur, de Montpinçon, Grand et Petit-Perray, fils de son premier mari.

*Page 32.* — Au nombre des droits honorifiques, il faut ajouter celui de la présentation du pain bénit, qui après avoir été offert au clergé, devait être présenté au seigneur du lieu.

*Page 62.* — *Bos* ou *Bosc*. Cette famille fut anoblie en 1470. En 1668 elle habitait Grandcourt. Nous citerons : Florent du Bos, sieur du Thil « près Canehant »; Antoine, capitaine au régiment de Rambures ; François, enseigne de la colonelle du même régiment.

*Pag.* XXVI. — Un extrait de la *Bibl., Nat.*, nous permet de donner en addition ce que nous avons rapporté sur la famille de *Favencourt*.

Sacent touz que je, Gautier de Favencourt, escuier, confesse avoir eu et receu de honorable homme et sage sire, Pierrez le Comant, bailli de Caux, par la main de Guillaume de la Porte, vicomte de Nœfchastel et Darches (*Arques*), quarante livres tournoys pour derrenière moitié de IIII\*\* l. tournois que Mons. le duc m'avoit doné à prendre une fois sur le tabellionage de Nœufchastel, de laquelle somme d'argent je me tieng pour bien paié et en quicte mons. le duc, le bailli et tous autres, à qui il appartient par le contenu de ces lettrez que j'ay fait sceller de mon seel. ·

Faisant et donant l'an MCCCXLIIIJ le X⁰ jo' de mars.

# ARMORIAL
## DES ANCIENNES FAMILLES
### DONT LES NOMS SONT CITÉS DANS LES DEUX NOTICES
### SUR LES BARONNIES DU COMTÉ D'EU

---

## AVANT-PROPOS

---

NOUS terminons les recherches sur les baronnies du comté d'Eu, en faisant suivre ce travail d'un armorial des familles dont nous citons les noms.

Malgré ce que nous avons pu faire, cet armorial sera bien incomplet. Mais pouvait-il en être autrement, en s'occupant principalement de familles éteintes ou disparues avec le moyen-âge ?

Pour ce qui est de ces familles, nous avons consulté le dépôt des *Arch. Nation.*, les Registres de la *Bibl.*, *Nat.*, celui des *Arch. Départ.*, de la Seine-Inférieure, les armoriaux des provinces de Normandie, de Picardie et du Beauvoisis, et les ouvrages spéciaux tels que : « Extrait d'un vieil livre m⁴ fait viron l'an 1400, où sont les noms, armes et crys de nobles hommes du pays de Caux... » *Mˢˢ de l'Abb. de Valmont*, Bibl., de Rouen.

Nous ne pouvons passer sous silence les ouvrages Mˢˢ de notre ami, le regretté feu M. Fourcin, car les recherches que ce consciencieux et modeste savant a faites, sur les familles nobles de notre contrée, nous ont été d'une très grande utilité.

Témoignons aussi toute notre reconnaissance à M. de Beaurepaire, archiviste en chef de la Seine-Inférieure, à M. Beaurain, bibliothécaire-adjoint, à la bibliothèque de Rouen, et à M. Ledieu, bibliothécaire à la bibliothèque d'Abbeville, pour tous les soins que chacun en leur particulier, ils ont mis à faciliter nos recherches.

A ces renseignements nous avons joint ceux relevés sur les inscriptions de pierres tumulaires et obituaires, des églises de notre contrée.

Au sujet des familles encore existantes au moment des diverses recherches sur la noblesse, ou celles anoblies dans les deux derniers siècles, aux extraits des ouvrages héraldiques, nous joignons ce que nous avons pu nous procurer par ces mêmes inscriptions, comme aussi sur les écussons gravés sur pierre ou peints sur les vitraux de nos églises, ainsi que les litres seigneuriales, qui ceignent encore ces mêmes édifices religieux.

*Les noms suivis des lettres* Abb. *ou* V. *placés entre deux parenthèses, indiquent les noms d'abbayes ou de villes.*

## A

AIRAINES : *d'argent à trois fasces de gueules.*

ANCOURT : *de . . . . . à neuf merlettes posées en orle, au franc canton de . . . . .*

ANISY : *d'argent semé de billettes de sable, au lion du même, brochant sur le tout.*

ARNOULD (SAINT-) : *de sable, au lion d'argent, à la bande de gueules, brochant sur le tout.*

ASSIGNY : *de sable, à deux bars adossés d'argent, à six croisettes du même mise en orle.*

AUBIGNY : *d'argent, à la fasce de gueules.*

AUDREHEM : *bandé de . . . . . et de . . . . . de six pièces, à une bordure de . : . . .*

AUFFAY : *de gueules, à la bande d'or, chargée de cinq mer-.
lettes posées dans le sens de la bande.*

AULAGE : *de . . . . . au sautoir de . . . . . chargé d'une
croix de . . . . .*

AUMALE (V.) : *d'argent à la fasce d'azur, chargée de 3 fleurs
de lys d'or.*

AUXY : *d'argent à trois fasces de gueules.*

## B

BATAILLER : *de sinople, à deux épées d'or passées en sautoir,
cantonnées de quatre hiboux de même.*

BEAUCHAMPS : *fascé d'hermines et de sinople de six pièces.*

BERNEVAL : *d'azur au sautoir d'or, accompagné de quatre
aiglettes de même.*

BESU (Sr de S. Julien) : *d'azur au chevron d'or, accompagné
de trois molettes d'éperon du même.*

BEUVE (SAINTE) : *d'azur à six annelets d'argent 3, 2 et 1.*

BISET : *d'azur, à trois bisets (pigeons) d'or, 2 et 1.*

BLANGY (V.) : *d'argent au lion de sable, armé et lampassé de
gueules.*

BOISSAY : *d'hermines au lion de gueules brochant.*

BOS : (sieurs du Thil) *d'argent, à 3 chênes arrachés de sinople.*

BOSC : (seigneurs de Nesle-Normandeuse) *de . . . . . à une
molette à six raies de . . . . .*

BOULAINVILLIERS : *fascé d'argent et de gueules, de huit pièces.*

BOUVAINCOURT : *d'argent à trois fasces de sinople.*

BRAQUEMONT : *de sable, au chevron d'argent, à un maillet
d'or au canton dextre.*

BRAY : *d'argent au chef de gueules, chargé d'un lion passant
d'or.*

BREUILLY : *d'azur, au chef cousu de gueules, au lion d'or brochant.*

BRIENCHON ou BRIENÇON : *gironné d'argent et d'azur de
six pièces.*

BRIENNE : v. comtes d'Eu.

BUREL : *d'argent, à trois tourteaux de sable 2 et 1.*

BURGOS : *d'argent au lion de sable, à l'orle de 12 croix recroisettées de même.*

# C

CADOUDAL : (anobli sous la Restauration) *d'azur au dextrochère armé d'or, la main de carnation tenant une épée d'argent garnie d'or, le dextrochère chargé d'un bouclier d'hermines, à la fleur de lys de gueules.*

CAILLEVILLE : *d'argent, à 3 molettes d'éperon d'or.*

CAMBERON : *d'or à 3 fasces de gueules.*

CANTEPIE : *fascé d'or et de sable de six pièces.*

CHAUSSÉE D'EU (La) : *d'azur, semé de croissants d'argent, à 3 besants d'or.*

CLÈRES : *d'argent, à la fasce d'azur chargée de deux lions et d'une aigle éployée, le tout d'or.*

CLIEU : *de gueules, à l'aigle d'argent couronnée de même, au chef d'or, chargé de 3 étoiles d'azur.*

CLAUSSE : *d'azur au chevron d'argent, accompagné de trois têtes de léopards d'or, emmuselées chacune d'un annelet de gueules.*

COLMIEU : *tranchée d'or et d'azur, à la chèvre rampante de gueules.*

CRENIS *ou* CRENY : *d'azur, à la fasce d'argent, à la bordure engrelée de gueules.*

CRESSY : *Écartelé : aux 1 et 4 de . . . . . à 3 fasces de . . . . . accompagnées en chef de 3 besants de . . . . . à l'écusson en cœur brochant aux 2 et 3 de vair* — Jean de Cressy, lieutenant de la ville et du port de Rouen (1432).

CUVERVILLE : *de gueules à 3 chevrons d'or.*

# D

DAMPIERRE : *d'argent à trois fusées, 2 et 1.*

DANZEL : *de gueules au lion d'or.*

DENIS (SAINT) : *de gueules à deux jumelles d'or, au lion de même passant.*

DENIS (SAINT-) (Abb.):*d'azur, à un clou de la Passion d'argent, accompagné de 3 fleurs de lys de même, 2 et 1.*

DUGUESCLIN : *d'argent à l'aigle éployée de sable, couronnée d'or.* Le connétable brisait *d'une bande de gueules, brochant sur le tout.*

## E

ENVERMEU : *de gueules, au léopard d'or.*

EU (Abb.) : *d'azur, à une Notre-Dame entourée d'un chapelet et cantonnée de 4 cœurs enflammés, le tout d'argent.*

EU (V.) : *de sable, à l'aigle d'argent.*

EU, Comtes — Robert et Henri Ier : *de gueules au léopard d'or;*
— Jean et Henri II : *d'azur au lion d'or, l'écu semé de billettes de même.* (P. Anselme, tom. II, p. 496) ;
— Raoul de Lusignan, Ier du nom : *burelé d'argent et d'azur, à un lambel de 3 pendants ;*
— Jean de Brienne Ier du nom ; Jean, IIe du nom ; Raoul Ier du nom : *écartelé, au 1 et 4 d'azur, au lion d'or semé de billettes de même,* qui est BRIENNE, *au 2 et 3 ; d'azur, à la bande d'argent, accompagnée de deux cotices potencées et contre potencées d'or,* qui est CHAMPAGNE ; et sur le tout : *d'argent, à la croix potencée d'or, cantonnée de 4 croisettes de même,* qui est de JÉRUSALEM ;
— Charles d'Artois : *semé de France, au lambel de quatre pendants de gueules, chacun chargé de 3 châteaux d'or.*
— François de Clèves, Ier du nom ? Écartelé au 1 et 4 contre écartelé au 1 de CLÈVES : *de gueules, au rais pommeté et fleuronné d'or de huit pièces, percé d'argent.* Au 2 de la MARCK : *d'or, à la fasce échiquetée d'argent et de gueules, de 3 traits.* Au 3 d'ARTOIS : *d'azur, à trois fleurs de lys d'or, au lambel de gueules, à quatre pendants, chargés chacun de trois châteaux d'or.* Au 2 et 3 contre écartelé ; Au 1 et 4 de BOURGOGNE : *d'azur, à 3 fleurs de lys d'or, à la bordure componée d'argent et de gueules.* Au 2 de RETHEL : *de gueules à 3 rateaux d'or.* Au 3 d'ALBRET-ORVAL, qui est écartelé au 1 et 4 : *d'azur, à 3 fleurs de lys d'or.* Au 2 et 3 : *de gueules, à la bordure engrelée d'argent.*

— Henri de Lorraine, I^er du nom ; coupé de 4 en chef et 4 en pointe : *le 1 fascé d'argent et de gueules de 8 pièces*, qui est HONGRIE. Au 2 *semé de France, au lambel de 3 pendants de gueules*, qui est ANJOU-SICILE. Au 3 de JÉRUSALEM. Au 4 : *d'or, à 4 pals de gueules*, qui est ARAGON. Au 1 de la pointe : *semé de France, à la bordure de gueules* qui est ANJOU. Au 6 : *d'azur, au lion contourné d'or, couronné, armé et lampassé de gueules*, qui est FLANDRE. Au 8 : *semé de croix recroisettées, au pied fichée d'or, à deux barbeaux adossés de même*, qui est BAR. Sur le tout *d'or, à la bande de gueules, chargée de 3 alerions d'argent*, qui est LORRAINE, *au lambel de 3 pendants de gueules, sur le tout en chef*.

— Louis de Lorraine, grand chambellan de France : écartelé au 1 et 4 de LORRAINE, 2 et 3 contre-écartelé au 1 et 4 : *pallé d'or et d'azur, au chef de gueules chargé de 3 hydres d'or*, qui est JOYEUSE. Au 2 et 3 : *d'azur, au lion d'argent, à la bordure de gueules chargée de 8 fleurs de lys d'or*, qui est SAINT-DIDIER.

— Louis-Auguste de Bourbon, duc du Maine : *de France, au baton de gueules péri en barre.*

EU, Comtesses — Marguerite de Sully, femme d'Henri I^er, *d'azur, semé de molettes d'éperon d'or, au lion du même.*

— Alix d'Aubigny, femme de Jean : *de gueules, au lion d'or.*

— Alix, femme de Raoul de Lusignan I^er, *d'azur, au lion d'or, l'écu semé de billettes de même.*

— Jeanne de Bourgogne, femme de Raoul de Lusiguan, II^e du nom ; *bandé d'or et d'azur, à la bordure de gueules.*

— Jeanne de Guines, femme de jean de Brienne, II^e du nom : *vairé d'or et d'azur, à l'écu de gueules sur le tout.*

— Marie de Berry, femme de Philippe d'Artois, comte d'Eu : *semé de France, à la bordure engrelée de gueules.*

— Anne-Marie-Louise d'Orléans, duchesse de Montpensier, comtesse d'Eu, dite MADEMOISELLE : *de France, au au lambel à 3 pendants d'argent.*

— EUDES RIGAUD : *de : . . . . . au chevron de . . . . .*
— J. Thieury. — Armes des Archevêques de Rouen.

Nous rapportons aussi un autre écusson faisant partie de la collection des sceaux de Normandie. — *Arch., Nat.* — *La vierge assise, tenant l'enfant Jésus debout sur ses genoux, un sceptre flammé à la main droite, accostée de deux anges portant chacun un cierge.*

Au dessous de cet écusson qu'entoure encore une partie de la légende, au nom d'*Eudes Rigaud*, l'archevêque est représenté en pallium et priant.

ESTOUTEVILLE : *burelé d'argent et de gueules de dix pièces, au lion de sable armé, lampassé et couronné d'or, brochant sur le tout.*

## F

FAUTEREAU : *d'azur, à trois croissants d'or 2 et 1.*

FAVENCOURT : *de . . . . . à sept fusées de . . . . . 4 et 3.*

FÉRET : *d'argent, bandé de trois pièces de gueules.*

FERRIÈRES : *de gueules, à un écusson d'hermines, à l'orle de huit fers à cheval d'or.*

FLOQUES : *barré, contre barré d'argent et de gueules.*

FONTAINES : *d'or à trois écussons de vair de 4 traits.*

FOUCARMONT (Abb.) : *d'azur, à une fasce en devise rehaussée d'argent, surmontée d'un croissant du même, accosté de 2 étoiles d'or et accompagnée en pointe d'une tuile aussi d'or.*

FRAMICOURT : *d'argent à la fasce de sable.*

FRÉAUVILLE : *d'azur, au chef d'or, à un lion de gueules brochant.*

FRESSENNEVILLE : *de . . . . . à la croix ancrée de . . . . .*

FUMECHON : *d'argent, à la fasce de gueules, accompagné de sept molettes de même, 4 en chef 3 en pointe.*

## G

GAILLART DE BŒNCOURT : *d'azur, au chevron d'argent, accompagné de 3 croix pattées de même.*

GARENCIÈRES : *de gueules, à 3 chevrons d'or.*

GAUDE : *de sable, au dragon d'or, langué et griffé de gueules.*

GAUTIER-GIFFART (branche de Longueville) : *d'or, à l'aigle de gueules.*

GAUTIER-GIFFART (branche d'Arques) : *de gueules, à la bande d'or, accompagnée de six besans de même.*

GOUVIS : *de vair plein.*

GOURNAY (comté d'Eu) : *de . . . . . à un rateau de . . . . . accosté de 2 étoiles de . . . . .*

GRAINVILLE : *d'azur, à la fasce d'argent, accompagnée de six croisettes d'or, trois en chef rangées en fasce, trois en pointe 2 et 1.*

GRANDCOURT : *de . . . . . fretté de . . . . .*

GUILLAUME-le-Conquérant : *de gueules, à 2 léopards d'or.*

## H

HAVARD : *d'azur, à la fasce d'or.*

HÉRON (seigneurs de Neufville) : *écartelé : aux 1 et 4, d'azur, à la bande d'argent, chargée de 3 hérons volants de sable, aux 2 et 3, d'azur, à 3 pals d'or ; au chef cousu de gueules, chargé d'une bande d'argent.*

HEUZE : *d'or, à 3 heuses de sable.*

HILAIRE (SAINT-) : *de gueules, à 2 merlettes d'or en fasce.*

HOCQUELUS : *d'argent, au sautoir de gueules, engrelé de sable.*

HOTOT-en-Caux : *d'azur, semé de molettes d'éperon d'or, au lion de même brochant.*

HOUDETOT. — Cette famille a eu pour armes : *d'or à 6 porcs de sable 3, 2 et 1.* C'est ainsi que les armes de Jean et Colard de Houdetot, chevaliers croisés (1096) sont représentées dans la salle des Croisades ; et le P. Anselme, à l'occasion de Robert de Houdetot, grand maitre des arbalétriers, cite une quittance de 1340, portant un sceau aux mêmes armes, mais déjà quelques membres de cette famille avaient probablement trouvé ces armes trop *parlantes*, et dès 1285 Richard de Houdetot d'après un sceau qui est aux *Arch., Nat.*, avait remplacé les petits cochons par *une bande diaprée*, ce qui a prévalu, puisque dans la suite les Houdetot ont toujours porté : *d'argent à la bande d'azur, diaprée de 3 médaillons d'or, celui du milieu figure un lion et les deux autres une aigle éployée.*

HUGLEVILLE : *d'or, à deux fasces de gueules.*

HUMIÈRES : *d'argent, fretté de sable.*

HUNOLSTEIN : *d'argent, à 2 fasces de gueules, accompagnées de 12 billettes de même posées 5, 4 et 3.*

## J

JEANNE D'ARC : *d'azur, à 2 fleurs de lys d'or et d'une épée d'argent, la garde garnie d'or, la pointe en haut ferue en une couronne d'or.*

JUMIÈGES (Abb.) : *d'azur, à la croix d'or, cantonnée de 4 clefs d'argent.*

## L

LA CHAPELLE — seigneurs-patrons de Critot : *de . . . . . à la bande coticée de . . . . .*

LAMIRÉ : *d'argent, à la bande de sable accompagnée de 6 billettes de même.*

LARREY : *de sable, au chevron d'argent, accompagné en pointe d'une molette d'éperon d'or, au chef du même, chargé de 3 croissants d'azur.*

LAURENT (SAINT-) : *de sable, à 3 mains d'or.*

LÉGER (SAINT-) : *d'hermines, au sautoir engrelé de gueules.*

LICQUES : *bandé d'argent et d'azur, à la bordure de gueules.*

LIVET : *d'azur à 3 molettes d'éperon d'or.*

LOBEL : *d'azur, à un arbre d'or.*

LONGUEIL : *d'azur à 3 roses d'argent, au chef d'or chargé de 3 roses de gueules.*

LONGROY : *de gueules au chef d'or.*

LORRAINE : (v. pag. 90).

## M

MAISNIÈRES : *d'or, à 3 bandes d'azur.*

MALEVENTE ou MALEVENDE: *d'or, à la croix ancrée de*

*gueules, à la bordure d'azur chargée de 8 tours crénelées du champ.*

MANNEVILLE (seigneurs de Baromesnil) : *de sable, semé de croisettes au pied fichée d'argent, au lion de même brochant.*

MAUQUOIS : *d'azur à 3 tréfiles d'or, au besan du même en cœur.*

MELLEVILLE : *de . . . . . à un oiseau de . . . . .*

MESNIEL : *d'argent, à 2 fasces de gueules, la première supportant un lion passant de même.*

MONCHAUX : *d'or à la croix ancrée de gueules.*

MONCHY — seigneurs de Pierrepont : *de gueules à 5 cotices d'argent.*

MONDION : *d'azur, à 2 fasces d'or, au chef de même, chargé de 3 roses de gueules.*

MONTIGNY : *cotice d'or et de gueules, au franc quartier du dernier, chargé d'une orle de 8 coquilles d'argent.*

MORANT : *de gueules, à la bande d'argent chargée de 5 mouchetures d'hermines.*

MORTEMER : *Fascé d'or et de sinople, à 24 fleurs de lys de l'un en l'autre.*

MUCHEDENT : *de . . . . . à la barre de . . . . . accompagnée de trois annelets en chef de . . . . .*

MYTHON — seigneurs de Froideville : *d'azur à la fasce d'or, accompagnée en chef de deux roses d'argent; et en pointe d'un croissant de même.*

## N

NEUFMARCHÉ : *d'argent, à la fasce fuselée de gueules.*

NEUFVILLE — seigneurs de St-Remy, La Motte, etc. : *de sable à 3 besants d'or, au chef d'hermines.*

## O

ONFROY : *d'argent au lion d'or, au soleil levant de même.*

ONGNIES : *de sinople, à la fasce d'hermines.*

## P

PARDIEU : *d'or, au lion couronné de gueules.*

LE PEIGNÉ : *de gueules à 3 peignes d'or, ceux en chef posés en chevron.*

PEUVREL : *d'or, fretté d'azur, au lion issant de gueules brochant.*

PIERRECOURT : *d'argent, à 3 fasces de sable, au lion de gueules brochant.*

PICQUET : *d'azur, à la bande d'or, chargée de 3 merlettes de sable et surmontée d'une abeille du second émail.*

PIMONT : *d'argent, à 3 croissants de sable, accompagnés de 9 mouchetures d'hermines.*

PISSÉLEU : *d'argent, à 3 lions de gueules, 2 et 1.*

PONT : *d'or à 3 jumelles de gueules.*

PORC (LE) : *d'argent, au cor de chasse contourné de gueules, surmonté d'une hure de sanglier de sable.*

PALCHEUL — seigneurs de Roquigny : *d'argent, à 3 fers de lance à l'antique, de sable 2 et 1, les pointes en bas.*

### R

RIENCOURT : *d'argent, à 3 fasces de gueules, frettées d'or.*

ROUVILLERS : *de . . . . . à une quinte feuilles de . . . . . accompagnée de 9 merlettes mises en orle.*

ROUVROY : *de sable, à la croix d'argent chargée de 5 coquilles de gueules.*

### S

SABOT d'AUBERVILLE : *d'argent, à l'arbre arraché de sinople.*

SAUCHAY : *de sable, au sautoir d'argent, accompagné de 4 aiglettes de même.*

SENARPONT : *partie d'or et d'azur, à un fer de moulin de gueules, chargé de 5 coquilles d'argent.*

SÉNÉCHAL (LE) : *d'or, à la bande de sable.*

SERY (Abb.) : *de . . . . . à la croix ancrée de . . . . . au chef de . . . . . chargé de 2 fleurs de lys de . . . . .*

STRABON : v. La Chaussée d'Eu.

SULLY : v. Eu, comtesses.

### T

TALBOT : *de gueules, au lion d'or, à la bordure engrelée du même.*

TARDIEU : *d'azur, au chevron d'or, surmonté d'une étoile de même et accompagnée en chef de 2 croissants d'argent ; et en pointe d'une croisette ancrée du second émail.*

TORCY : *Ecartelé aux 1 et 4 de gueules, aux 2 et 3, losangé d'or et de gueules, à la bande d'or brochante sur l'écartelé.*

TOUFFRECALES : *de . . . . . à 3 mains de . . . . .*

TRÉPORT (V.) : *d'azur, à la jetée d'argent maçonnée de sable, sur laquelle est un guetteur aussi de sable, portant un pavillon de gueules ; et à deux navires du second émail, aux voiles déployées du même, voguant sur des ondes au naturel et surmontés d'une étoile d'or en chef et d'un croissant d'argent en pointe.* Légende : V.L.T. PORTVS.

TRÉPORT (Abb.) : *d'azur, semé de fleurs de lys d'argent, au St Michel de même, surmonté d'un lambel à 3 pendants de gueules.*

TYREL DE MESNIÈRES : *componé d'argent et de sable de 6 pièces.*

## V

VALERY (SAINT-) : *d'azur, fretté d'or, semé de fleurs de lys de même.*

VANNIER (LE) : *d'argent au porc épic de sable.*

VERTON : *d'azur, à une fasce d'argent chargée d'une mouche au naturel.*

VILLY : *d'argent, à l'aigle de sable.*

## W

WANDRILLE (SAINT-) (Abb.) : *d'azur à 3 fleurs de lys d'or 2 et 1.*

WANCHY : *de gueules à 3 mains d'argent.*

# TABLE
## DES MATIÈRES

---

NOTA. — Les noms en italiques indiquent ceux des familles dont les armoiries sont rapportées en cet ouvrage.

Du même auteur :

LES CLOCHES DU PAYS DE BRAY. — 1re et
2e partie; 2 vol., in-8o, 2 planches chromo,
8 planches armoiries (*épuisé*).

LE PAYS DE BRAY. — Communes et Paroisses.
Histoire et Archéologie, Topographie et Sta-
tistique ; Tome Ier, 1 vol. in-8o. Prix 4 francs.
Tome II *en préparation.*

## ETUDES LOCALES

INCHEVILLE. — Brochure in-8o (*épuisé*).

TRÉPORT à ABANCOURT. — In-8o, avec 5 vues
panoramiques : **Eu, Incheville, Gamaches,
Blangy, Aumale** (*épuisé*).

DE LA NORMANDIE MONUMENTALE. —
*Les notices sur l'arrondissement de* **Neufchatel.**
    »      *Les ruines de* **Château-sur-Epte.**
    »      *Le donjon de* **Neaufle.**

LES USAGES COUTUMES & CROYANCES. —
2 vol., in-8o, nombreuses gravures.
Prix : **10** francs.

SAINT-MARTIN-GAILLARD & CUVERVILLE.
— 1 vol., in-8o avec planches hors-texte (*épuisé*).

---

En vente chez E. WINCKLER-HIVER, imprimeur — Abbeville